Gwen Doty
Fostering Emotional Intelligence in K-8 Students:
Simple Strategies and Ready to Use Activities

グウェン・ドティ

「こころの知性」を育む
幼稚園児から中学生までの教育

松村京子　監訳
MATSUMURA Kyoko

東信堂

Gwen Doty

*Fostering Emotional Intelligence in K-8 Students:
Simple Strategies and Ready to Use Activities*

Copyright © 2001 by Sage Publications Inc.
Japanese translation rights arranged through
The Sakai Agency, Tokyo

Published by TOSHINDO PUBLISHING CO., LTD., Tokyo
1-20-6, Mukougaoka, Bunkyo-ku, Tokyo, 113-0023, Japan

はじめに

　ネイサンは、悪い足を引きずり、部分的にはげている頭を野球帽で隠して、教室に入ってきました。はにかんだ笑みと鋭い目つきは好奇心と強い期待を示していました。

　ネイサンは学業上の問題と同様、多くの身体的問題を抱えていました。彼は6年生でしたが、国語と算数は幼稚園レベルと記録されています。入学してから私はこの少年が社会で自立できるのに必要な能力をつけるように少しずつ指導しています。しかし、彼のように低い学力でいつか職を得るようになるなんて、どのように祈ればよいのでしょうか？

　ネイサンの学力は劣っていましたが、彼の社会・情緒面の能力に私は気づき始めました。他の子どもたちは彼を好きだったし、喜んで仲間に入れたのです。ある子が悲しそうにしていると、どの子どもよりも早く彼はその子の感情に気づいていました。誰かが「ネガティブな気分」でいるのを見つけると、私のところに来て教えてくれました。そして、ネイサンは自分自身の気持ちに非常に敏感だったのです。彼は、辛さ、怒り、愛、嫉妬というような感情を理解するだけでなく、それを私に言葉で話すことができたのです。

　ダニエル・ゴールマンの著書 *Emotional Intelligence* を読むと、ネイサンは本当に能力があることがわかります。彼は多方面の機能障害をもっていましたが、人の感情を認識するような場面ではとても敏感に気づくことができたのです。彼は他者の気持ちを読み取る能力をもっていましたし、自分自身の内面の気持ちや感情を洞察する能力ももっていました。彼は状況をポジティブに捉えることができ、楽観的な見方をすることができました。他の子どもたちは彼のこの能力の高さに気づき、そのために彼のことを好きになったのです。

たぶんネイサンは生まれたときからこのようなかわいらしい、洞察に満ちた気質をもっていたのだろうと私は思っていました。しかし、彼の母親に出会って、ネイサンとのやり取りの中で示された彼女の温かさや励ましを目にしたときに、ネイサンが「こころの知性」を身につけるように彼女が教えたのだと私は気づきました。私はゴールマンと同様に、人は情緒面でもっと知的になるように教えられることができ、それが人生での成功につながると信じています。私たちは教師として、子どもたちに情緒面での自己に気づき、他者の欲求を洞察し、人生における情緒面のジレンマにもっと対処でき、仲間に対してももっと共感的、同情的になる能力を教え込むことができると信じています。子どもたちはこのような「こころの知性」を学ぶことから利益を得ることでしょう。なぜなら、彼らはもっと社会的に適応することになり、効果的に問題解決できるようになり、衝突を解消し、チームの活動が優れたものになるからです。

　「こころの知性」は、いわゆる賢い人、他者の心を読み取ることができる人をつくるのです。そして、そのような人は進行役やチームのメンバーの役割と同様に、リーダーの役割も引き受けることができます。ゴールマンに引用されたアリストテレスの文はそれを要約しています。「こころの知性」は、「適切な人と、適切な程度に、適切なときに、適切な目的のため、適切なやり方で」議論する方法を知っている人をつくるのです。「こころの知性」は、公平さと誠実さの感覚をしっかりもち、適切に意思決定できる人、強く共感できる人をつくるのです。それが「こころの知性」のすべてです。

東信堂愛読者カード

　ご愛読ありがとうございます。本書のご感想や小社に関するご意見をお寄せください。今後の出版企画や読者の皆様との通信に役立たせますので、お名前、ご住所をご記入のうえ、ご返送ください。

┌─ご購入図書名────────────────────────┐
│　　　　　　　　　　　　　　　　　　　　　　　　　│
│　　　　　　　　　　　　　　　　　　　　　　　　　│
└─────────────────────────────┘

■ご購入の動機
1. 店頭　　　　　　　　　　　　2. 新聞広告 (　　　　　　　　)
3. 雑誌広告 (　　　　　　　　) 4. 学会誌広告 (　　　　　　　　)
5. ダイレクトメール　　　　　　6. 新刊チラシ
7. 人にすすめられて　　　　　　8. 書評 (　　　　　　　　　　)

■本書のご感想・小社へのご意見・ご希望をお知らせください。

■最近お読みになった本

■どんな分野の本に関心がありますか。

哲学　経済　歴史　政治　思想　社会学　法律　心理　芸術・美術　文化　文学
教育　労働　自然科学 (　　　　　　　) 伝記　ルポ　日記

郵便はがき

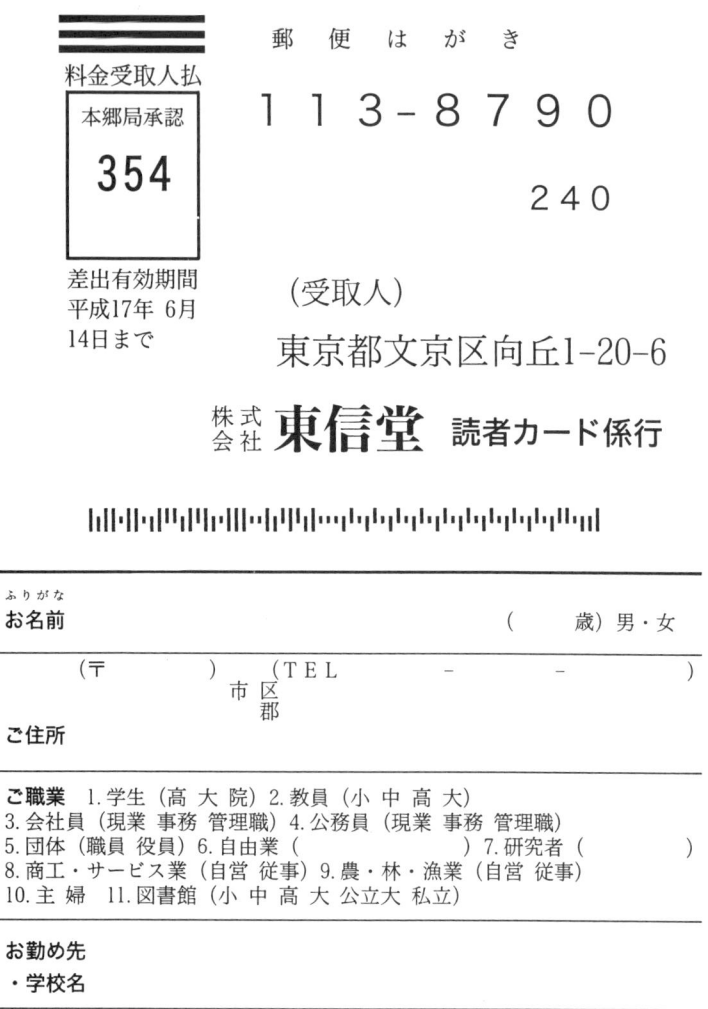

料金受取人払

本郷局承認

354

差出有効期間
平成17年 6月
14日まで

113-8790

240

(受取人)

東京都文京区向丘1-20-6

株式会社 **東信堂** 読者カード係行

ふりがな お名前		(歳)男・女
ご住所	(〒　　　) (TEL　　－　　－　　) 　　　　　市区郡	

ご職業 1.学生(高 大 院) 2.教員(小 中 高 大)
3.会社員(現業 事務 管理職) 4.公務員(現業 事務 管理職)
5.団体(職員 役員) 6.自由業(　　　　　　) 7.研究者(　　　　　)
8.商工・サービス業(自営 従事) 9.農・林・漁業(自営 従事)
10.主婦 11.図書館(小 中 高 大 公立大 私立)

お勤め先 ・学校名	
ご買上 書店名	市　　　区　　　　　書店 郡　　　町　　　　　生協

謝　辞

　20年間の教師生活を通して、私はクラスのさまざまな子どもたちが発達するための方策を絶えず模索してきました。30人の子どものクラスで示される社会性面、情緒面、行動面、学業面の広い範囲で、子どもたちそれぞれがこれら四つの能力を向上させるために、1人の教師がどのように支援できたでしょうか。

　このようなことについて、ハワード・ガードナーは七つ（現在は八つ）の多様な知性を示しました。まさにその瞬間、彼は私の人生のヒーローとなったのです。すぐに、私の教育哲学とひそかな信念が心の中に芽生えました。私の教育スタイルはいつも私にとって有意義なものでしたが、今やそれは研究に基づいたものになったのです。

　Emotional Intelligence のダニエル・ゴールマンは私の第二に尊敬する人です。彼は、「こころの知性」は自己コントロール、熱意、根気強さ、そして、自分を動機づける能力を含み、それらの能力は子どもたちの成功に貢献すると説明しています。いったん、「こころの知性」が発達すれば、生産的で、恩恵があり、満たされた人生のための道を開いてくれるのです。

　これら2人の仕事に基づいて、私たちの従来の学習活動に「こころの知性」の概念を取り入れたカリキュラムを導入し、その利点と恩恵を示す本を書くことが私の計画となりました。私は「こころの知性」を通して子どもたちを成功へと導くことを探求する出発点を与えてくれたこれらの研究者と作家に心から感謝を表します。

　また、以下の総説執筆者の方々にも感謝申し上げます。

Ann Marie Smith　Associate Professor, Northern Virginia Community College
　　Woodbridge, Virginia

Anita Perry   Title I Teacher, Southeast School Leominster, Massachusetts
Genet Kozik-Rosabal   Assistant Professor, University of Colorado at Boulder School of Education, Boulder, Colorado
Dr. Tim Green   Assistant Professor of Elementary Education, California State University, Fullerton, Fullerton, California
Ron Wahlen   Technology Coordinator, Conn Global Communications Magnet, Raleigh, North Carolina
Dr. Patrick Akos   School Counselor, Louisa County Middle School, Mineral, Virginia
Virginia Doolittle   Assistant Professor, Rowan University, Glassboro, New Jersey

「こころの知性」を育む──幼稚園児から中学生までの教育──／目次

はじめに i
謝辞 iii

第1部 「こころの知性」は教える必要があるのでしょうか？ 3
1. 「こころの知性」の理解 4
2. 「こころの知性」の学習スキルへの導入 9
3. 「こころの知性」の指導 19

第2部 「こころの知性」の構成要素 35
4. 自分と他者についての認識 36
5. 自分と他者の肯定 58
6. 自己責任の習得 80
7. 個人的意義の発見 104
8. 誠実さと道徳観の尊重 122

第3部 「こころの知性」のカリキュラムへの導入 135
9. 「こころの知性」の学習の統合：
   「こころの知性」を核にした主題単元の創造 136

付録 学習前・後の「こころの知性」の評価 151
評価の指標 151
評価1：自己と他者についての認識 152
評価2：自己と他者の肯定 153
評価3：自己責任の習得 154
評価4：個人的意味の発見 155
評価5：誠実さと道徳観の尊重 156
子どもの評価の個人グラフ 157
「こころの知性」の評価の学級平均 158

おわりに　159
引用文献　161
参考文献　163

「こころの知性」を育む
―― 幼稚園児から中学生までの教育 ――

第1部
「こころの知性」は教える必要があるのでしょうか？

1. 「こころの知性」の理解

> 情動は思考の一種でも、思考の応用でも、特別な形態でもなく、思考の基礎となるものです。
>
> David Gelernter, コンピュータ科学者

　全国的に学校の予算が厳しくなっており、それがスクールカウンセラー数の減少や自己評価プログラムの減少へとつながっています。社会が発展し、親が長時間働くようになるにつれて、子どもたちは、自分たちにははっきりした方針がない、管理されない時間があると気づくことが多くなってきています。教師は学校内で、暴力や明確な自己像をもっていない子どもたちが増えているのを見ています。アメリカの若い人たちが健全な態度を発達させ、適切な人生決定をするための方法をもっと必要としているということに私たち教師はみんな同意するでしょう。しかし、ポジティブな自己像、社会的スキル、問題解決能力を育てるために本当にしなければならないことは何であるのかは謎のままです。

　教育者として私たちが子どもの学力をある到達点に達するように指導することはトレーニングされてきました。そして、従来から子どもたちを成功の道に導くようなカリキュラムを習得するように私たちは努めてきました。しかし、前述した社会の問題から、子どもたちが学習に集中でき、彼ら自身の価値を理解し、他者に共感し、自分の感情を管理、コントロールするようになるための学習プログラムを導入しなければならないことに私たちは気づき始めたのです。このような感情に関すること、つまり、他者の感情と同様に自分自身の感情についても洞察することは、人生を成功させるために不可欠なスキルを得るための第一歩となります。

　私たちはこの世の中がどうなっていくのか思い悩んだりします。あるいは、子どもたちが勝つために暴力を認めるような心の状態へとどうして駆

り立てられるのだろうかと驚嘆したりします。しかし、そのように悩んだり、驚いたりしているのではなく、むしろ子どもたちが教室の中でポジティブな活動をするように促さなければならないのです。私たちは、別のところでは教えられることがない適切な対人行動、しっかりした自己決定のためのスキル、正直さの原理を育てるために、ライフスキルとそのメカニズムを教えなければならないのです。怒り、心の痛み、悲しみをコントロールするためのトレーニングが子どもに欠如していることは本当に問題です。このような感情に対する不適切な反応は学校の中での暴力行為を引き起こしているのです。このことは私たち教師が証言できます。

　なぜ子どもたちの中に攻撃的なそして破壊的な行動が非常に多くなっていると思えるのでしょうか？　ある研究は、子どもたちの中の攻撃的な特性は、極度に無視されてきたり、虐待されてきたりしたときに発現し、それは虐待された動物が攻撃的になるのと似ていると報告しています。動物と人間は暴力的な親に育てられたとき、類似した攻撃的行動パターンを発達させるのです。子どもは効果的な問題解決スキル、適切なコミュニケーションや交渉のテクニック、ポジティブな役割モデルを授けられていないとき、あるいは、養育などの欠如で子どもが持続的に欲求不満を感じているとき、強い攻撃性を示す結果となります。今は、親が働いていて、家にいなくて、子どもは大人と関わることなく独りで残されています。そして私たちの社会が全体として暴力を黙認するような状態なのです。さらに、教師は子どもたちの問題を解決するために敵対するようなやり方で子どもに関わるようになってきているのです。

　私たちがクラスで子どもたちを観察すると、攻撃と協調という二つの主な社会的相互作用の反応を見ることができます。これらの反応はどちらも争いをコントロールし、仲間関係を確立する手段です。攻撃的な子どもは他の子どもをいじめたり、危害を加えたりすることによって望む結果を獲得できるようです。例えば、授業で野球の試合をやっているとき、よく怒り、公正な試合ができない子どもが他の子どもを押しのけてバッターボッ

クスに立ちました。この子は従う者ではなく指図する者の役割を獲得したので、自分がプレイする時間を長くしてしまったのです。指導やトレーニングがなければ攻撃的なパターンができてしまうのです。

このようなできごとは「指導できる瞬間」として好都合です。学校は子どもたちの感情に対する適切な反応を育てる理想的な場所です。教師として、私たちは子どもたちと関わり、子どもたちにポジティブで適切な情動反応のモデルを示す機会をもっています。私たちはジレンマを解消するために、誠実な気持ちを共有し、反応を言葉で言い表すことができるのです。

感情コントロールの授業を行うことは、学業に集中するスキルを高めることにもなることを多くの研究は示しています（Goleman, 1997）。特に、本書で概要を述べたスキルを子どもたちに教えることは次のような影響をもちます（Branden, 1994; Goleman, 1997; Slovey & Mayer, 1990）。

自分と他者についての認識
■自分の感情を認識し、その名称を言う能力が高まる。
■気持ちの原因を理解する能力が高まる。
■気持ちと行動の間とを区別する能力が高まる。

自分と他者の肯定
■自分自身、学校、家族についてのポジティブな気持ちが高まる。
■ストレスをコントロールする能力が高まる。
■社会的不安、孤独感が減少する。
■他者を見通す能力が高まる。
■他者への共感性が高まる。

自己責任の習得
■怒りをコントロールする方法を習得する。
■クラスでの妨害、けんか、暴力などが減少する。

■怒りを適切に表現する能力が高まる。
■攻撃的で自己破壊的な行動が減少する。

個人的意義の発見
■人との関係を分析し理解する能力が高まる。
■人との関係の問題を解決する能力が高まる。
■コミュニケーションがより強く、熟練したものとなる。

誠実さと道徳観の尊重
■仲間との親しさが増し関係性がよくなる。
■仲間への思いやりが増す。
■グループでの相互関係スキルが高まる。
■共有し助け合うことが多くなる。
■他者との関わりがより民主的になる。

　「こころの知性」は他の教科とは別個に教えなければならないことでしょうか？　全くそうではありません。「こころの知性」は教えられるべき教科でも独立したスキルでもないのです。それは、自分自身の感情を理解するために学習し、他者の感情を理解するために学習を行い、ポジティブな情動反応のスキルを獲得し、他者の情動反応を理解し受け入れるというプロセスなのです。この学習プロセスでの教師の役割は、子どもたちに「こころの知性」理解を促す支援者となることであり、強化するためのモデルになることでもあります。「こころの知性」を学習内容に取り入れることは難しくはありません。特に、国語、社会科では。それは、問題を解決するために行動する物語の登場人物について、考えたことを書かせるというような簡単なものです。この種の感想文は、ある感情状態に対する適切な反応についてクラスで議論をするきっかけにもなります。
　関連する指導と意味のある学習を通して、子どもたちが自分自身の「こ

ころの知性」への内省をするのを支援することができます。子どもたちは感情理解のレベルを実際に高めるように学習します。そして、それは学業面での学習効果を高め、社会的スキルを発達させ、校内暴力を減少させ、自尊心を高めるという恩恵をもたらすのです。

　「こころの知性」は、子どもたちの様子、しぐさ、行動を通して観察できます。**表1.1**を参考にして、教師は「こころの知性」が高い子どもや「こころの知性」のトレーニングで効果が見られた子どものメンタルノートをつけるとよいでしょう。

表1.1　「こころの知性」はどのように見えるでしょう？

「こころの知性」が優れている	「こころの知性」が劣っている
「私」メッセージを使う。	非難の言葉を言う。
気持ちを開示することができる。	言葉で気持ちを共有することができない。
ネガティブな感情に支配されない。	ネガティブな気持ちでいっぱいになる。
非言語的な言葉を読み取ることができる。	非言語的コミュニケーションに気づかない。
気持ちと論理に基づいて判断する。	理由や論理がなく行動する。
自己と他者を受け入れる。	自己や他者を受け入れない。
自己責任をもつことができる。	責任をもつことを学んでこなかった。
しっかりと会話ができる。	受動的で攻撃的なコミュニケーションをする。
個人的な意味によって動機づけられる。	報酬や瞬間的な欲求充足によって動機づけられる。
感情的な立ち直りが早い。	悪意をもち許さない。
楽観的な見方をする。	悲観的な見方をする。
他者の気持ちがわかる。	他人の気持ちを受け入れない。
他者の失敗を責めない。	いつも誰かのせいだと感じる。
「私は……と感じる」と言う。	「君はいつも……だ」と言う。
気持ちを処理することで傷つくことを防ぐ。	暴力をふるうことで自分が傷つくことを防ぐ。
気持ちを共有することで悲しみを防ぐ。	むっとすることで悲しみを防ぐ。
自尊心があり有能であると感じている。	能力に欠け防御的であると感じている。
聞くことが上手である。	聞くことが下手である。
問題や誤解を話し合いで解決する。	問題が起きるとすぐ行動に移す。

2. 「こころの知性」の学習スキルへの導入

　「学業面の知性」と「こころの知性」とが自然に統合されているかどうかについては、次のようなことを考えてみてください。
　脳の手術のときに、感情に関連している神経回路が切断されたなら、最も簡単な決定ですら実行できません。それはどうしてでしょう？　感情をコントロールする脳領域が他の脳領域から切断された結果、決定した選択について自分がどのように感じているかわからないからです（Sperry, 1974）。
　私たちの感情は生れつき備わっているガイド役で、満たされていない必要性に迫られたとき、私たち自身を呼び覚まします。これらの必要性は感情的なもので、受容、養護、愛への欲求です。あるいは、それらは学業と関連したものにもなります。大なり小なり知性に基づいた、あるいは、違う指導方法や代わりとなる課題への欲求などです。感情は、理由、論理、学業上のスキルと結合したとき、生徒を成功へと導く強力なツールとなります。
　情緒面と学業面の学習を生徒に浸透させていくことが教師としての究極の目標です。しかし、どのようにして？　これら二つの知性の学習プロセスをどのようにして合体させ、どのようにして学習を計画し、情緒面と学業面の学習の両方を発展させるのでしょうか？
　学業面の学習と情緒面の学習の両方を発展させる授業においては、思いやりがあり、開放的で、ポジティブなクラスの環境をつくることが第一段階です。子どもたちは、「恐れなし」計画を立てることによってこの環境を改善する手助けをしてくれます。「恐れなし」計画では、子どもたちはクラスにおいて安全で守られていると感じるためには何が必要かを考えま

す。「恐れなし」ルールは次のことを含んでいます。

■ 安全性——子どもたちは暴力やいじめを受けることなく、脅し、ごまかし、恥ずかしい思いをすることやストレスのような精神的苦痛もない状態になります。
■ 選択——子どもたちは学業面の学習と情緒面の学習において、本当の選択権をもつようになります。
■ 敬意——子どもたちは自分自身や他者の気持ちを尊重するようになります。
■ 多様な知性——子どもたちは他者がもつ知的能力に気づくようになり、これらさまざまな能力を育み、支援するようになります。
■ 動機づけ——子どもたちが興奮し、刺激されるような活動をするようになります。
■ 実践的学習——子どもたちは個人的に意味のある実生活とのつながりを見出す学習が与えられます。
■ 「こころの知性」——子どもたちは評価、議論し、彼ら自身の気持ちと他者の気持ちを確認するようになります。

　いったん、クラスの雰囲気が確立されれば、教師は、子どもたちのためと同様に教師自身のためにも、新しく修正した「学習」の定義づけをする必要があります。すべての人が最終決定に責任をもつために、クラスでの議論を通して学習の定義づけをします。具体的に言うと、私たちは、学業面の学習と情緒面の学習を合体させる次の定義を使います。

　学習とは、知識の獲得、スキルの習得、気質の形成、そしてこれらの獲得過程の感情状態をすべて集約したものです（Katz, 1985, pp.1-2）。

　作家であり、研究者である Lilian G. Katz（1985, pp.1-2）によれば、学

習は次の四つのカテゴリーに分けられます。

知識：小学校では、子どもたちは知識を獲得します。知識は、事実、アイデア、概念、言葉、物語から成ります。子どもたちは質問に対する答えや説明を聴くこと、書くこと、観察することによって知識を獲得します。

スキル：子どもたちは、知識を使うことによって、スキルを獲得し始めます。スキルは短時間に起こる行動の小さな単位です。それらは簡単に観察したり、推測したりされます。足し算、引き算、描画、会話や記述によるコミュニケーションは学校で教えられるスキルの例です。

気質：気質とは、ある状況下において、あるやり方で反応する心の習慣や傾向のことです。好奇心をもっていたり、フレンドリーであったり、内気であったり、威張り散らしたり、創造的であったりすることは、スキルや知識というよりむしろ気質です。子どもが芸術家になる気質をもっていても、その気質に伴うスキルがなければ、成功しないでしょう。

気持ち：気持ちとは学習された感情状態のことです。例えば、能力、帰属、愛情、他者への寛容、不寛容の気持ちなど。

　一つのモデルとして、これら四つの学習特性を使って、「こころの知性」と「学業面の知性」の間をつなぐカリキュラムをどのようにして作ればよいでしょうか？　ある子どもが知識とスキルを獲得したなら、この子は表面的な知識を習得したと言うことができます。表面的な知識とは、何らかの主題の手順を計画したり、記憶したりした結果生じます（Caine & Caine, 1994）。しかし、この子どもは学習した情報に適した気質や情報のためのある種の"感覚的意味"を必ずしももっているとは限りません。不幸にも、その表面的な知識を個人的な意味にまで広げ、議論を進める機会を与えられていない子どもでいっぱいのクラスが多くあるのです。知識を個人的に意味のあるものにし、内省する機会を与え、内容と気持ちに関する明確なフィードバックを含んだ系統的学習を実施している教師は、本来の知識――言い換えれば、より意味深い、長期の記憶へと移行する知識を得る方

法を子どもたちに教えているのです（図2.1）。さらに、子どもたちが積極的に学習しているとき、その課題に個人的意味を見出します。そして内省によって自分の気持ちを洞察し、情緒面と学業面の両方の成功を得やすくします。

　表2.1を使って、「学業面の知性」と「こころの知性」の特徴を記入してください。「学業面の知性」だけをもつ子どもを想像してみてください。このような子どもは、書いたり話したりするすばらしいスキルを示し、計算ができ、科学的プロセスも完全に理解するでしょう。しかし、「こころの知性」がなければ、この学習に対する本当の気持ちや感情を結びつけることは決してないでしょう。自分自身を理解したり、他者に気づいたりすることがなければ、この知識は非常にむなしく、空虚に思えるでしょう。起きたことを意味づけ、洞察するためには、知識／スキルの学習と気質／気持ちの学習の間につながりがなければなりません。このつながりは、知識の中から個人的な深い意味を学習者に認識させるだけでなく、彼らがその題材について洞察し、理解したことによって、自尊心の向上を可能にすることにもなるのです。

　「こころの知性」のための学習を計画するときには、**表2.2**のチェックリストを使いなさい。これは、あなたの授業へ取り入れるべき内容を絞り込むのを助けてくれます。一週間、暴力などの行動を行った子どもの数を記録する用紙を使いなさい。週末に、ある特定の行動に五つ以上のチェックがついていたら、学業面と情緒面の活動を統合する必要がある内容を示しています。

　学業面と情緒面の学習ストラテジーを統合するのに、**表2.3**の計画シートを使いなさい。

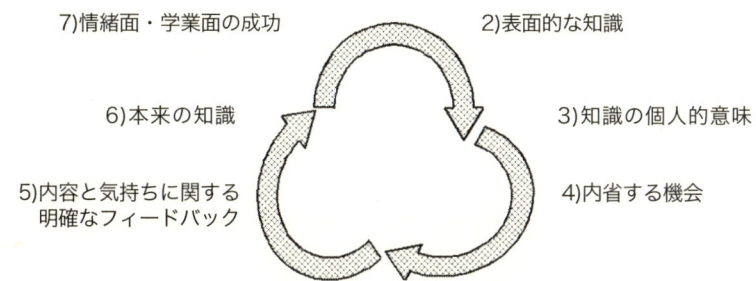

1) ポジティブな学習環境
2) 表面的な知識
3) 知識の個人的意味
4) 内省する機会
5) 内容と気持ちに関する明確なフィードバック
6) 本来の知識
7) 情緒面・学業面の成功

図 2.1　「学業面の知性」と「こころの知性」の獲得のためのステップ

表 2.1　「学業面の知性」と「こころの知性」の特徴

「学業面の知性」	「こころの知性」
知識とスキル	気質と気持ち
数学の事実と概念	自己と他者の認識
単語	自己と他者の肯定
包括的な理解	自己責任
科学的プロセス	個人の意味
記述と口述のコミュニケーション	正直さと道徳

表 2.2　「こころの知性」学習の必要性チェックリスト

☐ いじめる	☐ 卑猥な言葉を言う
☐ パニックになる	☐ けんかをする
☐ 攻撃的になる	☐ 盗む
☐ からかう	☐ 授業を受けない
☐ 遮る	☐ だます
☐ 好戦的である	☐ 意思決定力が不足している
☐ 軽蔑する	☐ そそのかす／煽動する
☐ 言葉で脅す	☐ 衝動をコントロールできない
☐ 不適切な身体反応をする	☐ 不品行へ目が向いている

表2.3　計画シートの例

教科	授業目標	「こころの知性」の学習
国語／読むこと	原因と結果	教師はよく知られている物語の文章を読む。子どもたちは原因と結果を明確にする。主人公がより適切な方法でどのようにして問題を解決することができたのか、クラスで議論する。
国語／書くこと	個人的な語り	作文を書いている中で、子どもたちは悪い状況下でも適切に行動することを経験する機会をもつ。
社会科	南北戦争における南部連合支持者の見解の理解	グループで、子どもたちは連合軍の兵隊の気持ちと感情について議論をする。
健康	禁煙	クラス討論で、子どもたちは喫煙の結果、愛する人をなくしたことについて議論する機会を与えられる。

「こころの知性」の学習を取り入れた学習

　以下のカリキュラムは、「こころの知性」を取り入れた学習へと子どもたちを簡単に導くことができます。もし、すでにこのような枠組みを使っているなら、各授業に「こころの知性」の要素を簡単に付け加えることができるはずです。

テーマ学習

　テーマ学習において、教師（あるいは子どもたち）は、"ビッグなアイデア"という特別な学習テーマを決めます。学習内容についての授業、一斉授業、自由活動のすべてがそのテーマに関連しています。国語、算数、理科、社会の教科がすべてそのテーマに関係しています。教科によって教師が異なる学校では、それらの教師は同じテーマを使って一緒に指導します。独立戦争のテーマの例を**表2.4**に示します。

表2.4　テーマの例：独立戦争

教科	授業目標	「こころの知性」の学習
国語／読むこと	移民とイギリス人の見解をベン図で比較、対比する。	ベン図の結果について発表しあい、どの行動が強い気持ちに基づいて出てきたものか議論する。
算数	戦争と負傷者数の図を書く。	負傷者の数に基づいて、自由は彼らが支払った代償に値するか？　これについて議論する。
国語／書くこと	イギリスの親戚に手紙を書く。	イギリスから自由を求めてきた移住者の気持ちと行動を説明する。
科学	レキシントンで最初に口火を切ったのは誰か、調べるためにデータを集める。	戦争以外にこの問題を解決する選択肢はなかったのか、議論する。

プロジェクト学習

　プロジェクト学習は、子どもたちがプロジェクトの最後まで完成させる一連の要素から成りたっています。このプロジェクトは子どもたちのスキル（「学業面の知性」）と気質や気持ち（「こころの知性」）の発達を促す5から10の小題材から成りたっています。プロジェクトの例を例2.1に示します。

　子どもたちに打ち込むこと、考えること、反応すること、を要求する課題を含めることによって、学習内容は学習者にとってより個人的で直接関連するものとなります。例2.1のプロジェクトに参加した子どもたちは喫煙の害についてより深く理解し、タバコについての彼ら自身の信念をもつことができました。喫煙の原因と結果の利点や問題点に関するクラスの議論が行われ、子どもたちはタバコの長期間の影響についてよく考え、議論することができたのです。子どもたちは喫煙するかどうかの決断について記事を書きました。以上のことから、学業面の学習プロセスは「こころの知性」のための学習を導入し、その結果として、子どもたちは成功をおさめ、能力があるという気持ちをもつようになったのです。

例2.1 タバコ認識プロジェクト

> 教材
> 　アメリカにおけるタバコによる死亡の割合を示す図。
> 　タバコがなくなることの利点に関する詩的文章。
> 　呼吸器系とタバコの影響のイラスト。
> 　タバコに関する個人的経験（自分自身の経験や聞いた話）についての考えと気持ちが書かれている子どもたちの"健康日記"
> 　喫煙についてのクラスメイトの気持ちを調べた調査結果。

問題解決学習

　この学習では、教師は最近の話題に結びつき、認証され、そして社会的に意味のある問題を子どもたちに与えます。単元は、地域の池の公害問題など、結論の出ていない問題で始まります。子どもたちは問題解決、調査過程、仮説の作成、解決のテスト、テストの結果がよくなかったら新たな計画作成ということをします。最初に、教師はこの公害問題の可能な解決方法について思考のプロセスに従ってグループで問題解決シートに記入していくように指示します。

　子どもたちはすぐに問題を解決しようとして、特定の解決方法を使ってチームで活動します。単元のまとめとして、問題を解決したときに、そのことについて確実に深く理解し、そして、自己受容、自尊感情、仲間とその価値を受容するための機会を与えます。

　問題解決学習単元の最後の反省の時間には次の質問をします。

■あなたやあなたのチームメイトはどんな問題を解決しようとしたのですか？
■あなたやあなたのチームメイトがやってみようと決めた解決方法を記述しなさい。
■テストの方法と結果を記述しなさい。
■試行と結果に関するあなたの気持ち（失望、興奮、嫉妬、ねたみ、満足感、幸福、欲求不満など）をみんなに示しなさい。

公害の解決

問題の状況： ブレインストーム（可能な限りすべての考え）： 三つの最も良い意見に集約： 最終的な結論として最も良い解決方法：

■あなたのチームにとって良かった活動を記述しなさい。良くなかった活動とその状況の改善計画を記述しなさい。

　「学業面の知性」のための授業と「こころの知性」のための授業を統合する目的と方法をまとめましょう。視覚的に思い出すために、"「学業面の知性」と「こころの知性」の獲得のためのステップ"（図2.1）のポスターを貼ることにしましょう。

　プロセスの最初は、オープンで、誠実で、思いやりのあるクラスの環境を作ることが第一歩であることを覚えておいてください。子どもたちは「恐れなし」計画による環境に入り込むことができます。それは小学1年生の初めに行われるべきです。次に、学習の定義を考えると、知識の獲得やスキルの習得だけでなく、そのようなスキルに対する気質や気持ちも含ん

でいることを覚えておいてください。思考する機会や内容に関するフィードバックや気持ちは子どもたちに表面的な知識以上のものを与えます。子どもたちは、情報を長期の記憶へと導き、本当の知識の獲得を促す新たな洞察力に気づき、意味のあるつながりを作るのです (Caine & Caine, 1994)。

3. 「こころの知性」の指導

　いわゆる「賢い人」は人生において有利です。「こころの知性」に基づく社会的スキルは人生の多くの状況下で成功する鍵となります。
■スポーツ活動
■仕事で人と一緒に働くこと（職場でのコミュニケーションスキル）
■職業の準備
■良い友人関係
■健全な人間関係
■暴力なしでの怒りの解消

　社会的にうまくやれる手段を与えてくれる社会的スキルを生まれながらにしてもっている人もいます。彼らは自分の気持ちを理解し、他者の気持ちを読み取ることができます。彼らは仲間のサインを読み取ったり、与えたり、これらの関係の中でどういう状況かを簡単に知ることができます。すなわち、これらの人たちは情緒的、社会的に人と仲良く、うまくやれる人たちなのです。

　そうでない人たちにはこれらのスキルは教えられるべきであり、実際の世界で人と関わることによって受容的になり、熟達していきます。子どもたちはみんな成長し、知識を得るにしたがって、より社会的、情緒的に発達するわけではありません。その代わりに、私たち教師は、毎日の生活を通して、すべての子どもたちがバランスの取れた、すばらしい未来を得る機会をもてるように、彼らの社会的、情緒的な特性を育まなければならないのです。

スポーツ活動

　たいていの子どもたちは非常に早い時期から何らかのスポーツを始めます。それぞれのゲームに関連して、個人として成功するためには学ばなければならない、言葉では言い表せないある種の儀式や練習があります。例えば、野球とサッカーに関連する審判の数には違いがあります。また、野球の試合では、審判に異論があるとき、選手、コーチ、観客が審判と議論することは一般的です。しかし、サッカーでは、このような審判への抗議は認められていません。

　さまざまなスポーツに関わる社会的スキルの素質を生まれながらにしてもっている人もいますし、ゲームに参加している仲間や親を観察して学ぶ人もいます。しかし、それができない子どももいるのです。このような子どもたちは社会的スキルの素質を元々もっていません。私たちは体育の授業中、休み時間、校内のスポーツイベントのときに、このような子どもたちがより社会的に発達するように支援しなければならないのです。

　社会的、情緒的スキルが未発達なティーンエージャーはスタンドから暴言を吐いたり、わめいたり、審判やコーチにわいせつなことを叫んだりして、まわりの人を当惑させます。そのような子どもがどのようにして13歳になったのでしょうか？　なぜ公衆の面前でそのように悪い行動をするのでしょうか？　結局は、その行為が人に対してどのように影響するのかに気づいていないのだろうと思います。このような子どもは、自分自身と他者についての認識、内省、受容する能力を元来もっていないのです。この場合、感情についてわかるようになり、受容できるようになる社会的スキルの学習指導が必要なのです。

　子どもたちのそれぞれが生涯を通じてスポーツをしたり人と関わる趣味をもつので、教師は適切なときに、子どもたちの自己認識、自己責任、積極性の発達を援助します。これらのスキルに欠けている子どもを見つけたときに、私たちはクラスで少し時間をとって、スポーツのイベントやゲームに関連して受け入れられる行為と受け入れられない行為について議論し

ます。社会性のある子どもはフットボールゲームで審判に暴言を吐いたり、わめいたりしている人の隣に座ったときにどのような気持ちになるのかを発言することができるでしょう。この発言が社会性の劣る子どもに他者の気持ちや感情を洞察するようになることを助けるかもしれません。

職場でのコミュニケーションスキル

アメリカの教育省の支援を受けた1995年の研究によれば、学校では就職のための準備はやっていません。テストの点数、成績、学校の評判は将来の雇用者に何も印象づけません。雇用者が採用を決めるときは、態度、コミュニケーションスキル、労働経験が最も重要な基準であるとその研究は述べています (Henry, 1995)。

子どもたちのほとんどは職につき、仕事でプレゼンテーションをしなければならなくなると統計は示しています。これら将来の被雇用者はチームの中で相互にうまくやれたり、意思決定したり、問題を解決したりできることを期待されているのです。社会性があり、人と一緒にうまくやれる子どもは抜きん出ています。このような賢さがない子どもにとっては、これは重大な問題です。職場で考えを述べなければならなくなった2人の例を見てください。

サリー　社会性あり	レスリー　社会性なし
聞いている人に目を合わせる。	プレゼンテーション中、下を向いている。
自信をもって背筋を伸ばして立つ。	肩を丸めて腕組みをする。
声の大きさと高さ、話す速さを効果的にする。	一本調子で話す。
聞き手のボディランゲージを注視する。	聞き手のシグナルに気づかない。
メッセージを伝えるのに効果的な言語スキルを使う。	まとまりがなく、リハーサルをしていないプレゼンテーションをする。
聞き手の公正さを確かめるのに効果的に聞くスキルを使う。	聞き手のフィードバックに耳を傾けない。
プレゼンテーションの後での質問を歓迎する。	聞き手からの質問を受けることを恐れる。
プレゼンテーションについての参加者の評価を手紙で聞く。	終わればそれ以降そのことについて考えない。

さて、この例は少し誇張していますが、ポイントは、私たちが子どもたちの情緒面の発達を促すときに、自尊心だけを育んでいるのではないということです。私たちは会社に大きな報告をしたり、職場の仲間の健康に関するポリシーを高めたり、特別の宣伝キャンペーンのために会社を説得したりするような場合に、子どもたちが将来成功する可能性を与えているのです。サリーのプレゼンテーションのスキルは、自分と他者を意識すること、自分と他者を肯定することなど、「こころの知性」の多くの要素を含んでいるので、効果的でした。これらのお陰で、プレゼンテーション中、聞き手を見わたし、自信をもって話すことができたのです。

プレゼンテーションスキルが仕事の成功に重要なのと同様に、グループの中での効果的な対人関係スキルも重要です。ハワード・ガードナー（1993）は彼の著書 *Multiple Intelligences* の中で、"対人関係の知性"について述べています。"対人関係の知性"が高い人は、情緒面での知性も高く、このような人は、ポイントを明確にするための話のまとめ方や声の使い方、効果的な聞き方を知っています。繰り返しになりますが、生まれつきこのような能力をもっている人もいますが、チーム内での効果的な交渉の基礎を教えなければならない人もいます。共同学習を通して、グループでの問題解決スキル、プレゼンテーション、対人関係スキルは職業の準備のために、実践され、磨かれるのです。

教師として、子どもたちがこれらのスキルを磨くために、多くの対人関係場面の実践を与えなければなりません。「グループで、この問題を解決しなさい」と子どもたちに言うだけでは十分ではありません。適切で効果的なグループ内の対人関係のための社会的スキルを実際に教えなければならないのです。そのために、子どもたちにタイムキーパー、グループリーダー、記録係などの役割を与え、非常に構造的なやり方で教える先生もいます。役割を明確に決めて始める前に、子どもたちはそれぞれチームの中で責任のあるメンバーになることを学ぶべきでしょう。グループ内の対人関係スキルを教える別のやり方は、かなりの種類や量の仕事を短時間で終

わるように割り当てることに関係します。この方法は次の例に挙げています。

■トピック：クレオパトラとマーク・アントニーの愛
1. クレオパトラとマーク・アントニーの間にある気持ちを表す形容詞を5分間でできるだけ挙げなさい。
2. 次の5分間で、彼らの恋愛に関する一連のできごとを示す簡単な年表を作りなさい。
3. 最後の5分で、クレオパトラとマーク・アントニーの自殺の主な理由をチームでまとめなさい。

　子どもたちのチームは、割り当てられた仕事の範囲が狭く、短期間での完成を求められたときに、課せられた仕事により集中するようになります。これはチームワークスキルを教えるのに効果的な方法です。
　グループ内の人間関係が高度に組織されたものであろうと、あるいはリラックスした型にはまらないものであろうと、社会的なガイドラインはきちんとしたものでなければなりません。第2章で述べたように、子どもたちと教師は、すべての子どもがグループ活動時に情緒面で安全であると感じることができるように、社会的ルールを伴った「恐れなし計画」を共同で計画すべきです。「恐れなし計画」は、「子どもたちが他の人が話しているときに礼儀正しく聞くことによって自己と他者に対して尊敬の念を示す」というルールを含んでいるのです。
　グループ間の調整スキルは、子どもたちが問題を解決したり、判断したりする社会的能力をもつようにするだけでなく、いっそう相手の感情を察するようになったり、人間性に気づいたりすることを教えます。このように相手の感情を推察する能力は、議論しているときの気持ちや感情を認識したり、感情を表出したり、気持ちと行動の違いを理解したり、別の人の視点を受け入れたり、特定のガイド指針で会話したりする能力を高めることによって発達します。

職業準備のためのスキル

　職業準備のためのスキルをカリキュラムに導入することは、「こころの知性」を高めるために一見関係していないように見えます。しかし、自分の強さについての学習や、職場でその強さをどれほど効果的に使うのかといった学習で、子どもたちは自信や自尊心をもつようになります。子どもたちが彼らの生活に関係するひとかけらの情報から本当の意味を見出し、情緒的な絆を発達させることができるとき、子どもたちはその知識よりももっと多くのものを得ることになります。彼らは自己を認め、他者からも認められるようになり、個人主義を理解し、職業の方向性を示すという目的を達成します。

　では、職業準備プログラムがどのように「こころの知性」を高めるのでしょうか？　The School-to-Work Revolution の著者リン・オルソン(1997)は、これらのプログラムの利点を見つけるために、全国を歩きました。彼女の知見は以下のものです。

■職業準備プログラムは、学ぶ動機づけをします。多くの子どもたちは一般的な学習活動よりも職業に関する学習活動の方により興味をもち、より刺激を受けていたと報告しています。強い動機は学業面でも良い影響を与えます。そしてそれはさらに、子どもたちの情緒面の満足感を導きます。

■職業に関係した問題をチームで解決する活動をしている子どもたちは、実地の活動を行い、彼らがより多くの情報を得ていると感じるようなプロジェクトを計画し、遂行します。

■職業準備のプログラムを行っている多くの子どもたちは、学習と良い職業との関係を理解するので、中等教育以上の教育を受け続けます。

■学校と職業プログラムは、職業への計画を立てさせ、彼らの能力によって方向を考えさせ、将来についてより楽観的に感じるようにさせます。

　簡単に言うと、職業準備活動を取り入れている教師とその指導は子どもたちの情緒面の満足感と、人生についての展望と将来へのおおよその方向

性を見つけだす機会を子どもたちに与えているのです。
　職業準備のための学習活動は、次のものを含んでいます。
■さまざまな職業のゲストスピーカー
■職業現場の視察
■インターンシップ（有給であってもなくても労働経験は子どもたちが机上の学習を実践に応用することを助けます）
■職場体験（1日か2日間、専門の職業を観察するための職場を訪問します）
■助言指導（子どもたちに職業について助言したり、意思決定するのを助けるモデルとなる大人と組ませたりします）
　職業に基づいた活動は対人関係スキルを発達させ、将来について深く考えさせます。そして、行動、リーダーシップスキル、情報整理のための仕事を遂行させます。子どもたちに適切な行動、社会的スキル、職場への期待を準備させる方法としてそれらがカリキュラムに導入されたときに、「こころの知性」が強化され、深められるのです。

良い友人関係をもつこと
　社会性のない子どもたちにトレーニングによって友人関係を良くさせることは可能でしょうか？　いくつかのプログラムでは可能です。最も好かれていない、最も人気のない3年生と4年生の児童が、友だちの作り方の学習指導を受けました。彼らは六つのトレーニングセッションを与えられ、フレンドリー、楽しい、すばらしいと言われるようになる目標をもって学習しました。これらの子どもたちは人気のある対象者が友人と一緒のときにする行動を教えられました。指導が始まって1年後には、すべての子どもたちは人気のランクでほぼ真中になったのです（Asher & Williams, 1987）。このようなトレーニングや指導は、友人関係を作るのに必要な適切な社会性や対人関係のスキルを子どもたちが習得するのに効果があったことを示しています。
　子どもたちが適切な社会的行動の方法を学ぶとき、正しい反応を実際に

やったり、繰り返したりすることから始めます。目標は彼らが適切な反応の利点を実際に体験して、最終的には、その反応が習慣となることにあります。もっと重要なことは、これらの新しい行動を通して、子どもたちが洞察力、自己への気づき、仲間を理解するといった新しい能力を発達させ、「こころの知性」への旅を始めることです。

　カリキュラムを統合することによって、友人関係に関する物語を読むことができます。彼らは、登場人物が良い友人であったかどうか議論し、友人関係の特徴のリストを作ることができます。彼らは適切な、あるいは、不適切な友人関係を示すロールプレイをしたり、良い友人関係を示さなかった友人について議論したり、記述したりします。例3.1の会話を使って考えてみてください。

　このような会話を読んだ後に、子どもたちは情緒を育むための豊富な刺激的活動を実施します。指導は次の通りです。

■この会話がどのように、なぜ悪化したのか、クラスで議論しなさい。
■もしこの登場人物が大人であったなら、どのような会話がこのような激しい議論を起こすのか、議論しなさい。
■会話が激しい議論にエスカレートしないように会話を書き直しなさい。
■最初に書かれていた会話のように、ロールプレイしなさい。次に子どもたちが適切な会話に書き直したようにロールプレイしなさい。
■どちらの人物が、議論で問題があったかをグループで決めます。その人物がもう一人よりも非難される理由と、この状況を避けるために次回にするべきことをみんなで話し合いなさい。
■子どもたちは彼らが最も自分に近いと思う人物について、そしてその理由を学級新聞に書きなさい。

　上記の例でわかるように、会話に基づいてできる活動がたくさんあります。友人関係トレーニングを単独で、別にして始めたいかもしれませんが、その内容は授業内容から取られるべきです。例えば、もし独立戦争の単元の授業でネイサン・ホールの有名な言葉「私は我が国に与えるべき命しか

ないことを悔やむ」を読み終えたところなら、子どもたちにネイサン・ホールと彼の架空の親友との間の会話を書かせてもよいかもしれません。普段の授業に「こころの知性」のトレーニングを導入する活動はネイサン・ホールと彼の苦しい体験についての理解を深めます。そして、同時に、それを友人関係に反映する機会を与えるのです。

健全な人間関係

　私たちのほとんどは、教育者として子どもたちの一生の人間関係に及ぼす影響について理解していません。しかし、私たちは彼らの将来の人間関係の基礎を発達させ、育てる力をもっています。私たちが授業で友人と関わる活動について取り上げ、議論するときに、そのトレーニングの一部となります。しかし、母と子、夫と妻の間の人間関係は、友人関係よりももっと複雑で、困難で予測できないものです。

　ポジティブで健全な人間関係を深めることにおいて、私たちはまず子どもたちに彼ら自身の性格の強い面と弱い面を考えるように言わねばなりません。クラスで発表しあう必要はありませんが、個人的に意味のある活動として、子どもたちが性格上の強い面と弱い面を調べるために**表3.1**に示す対人関係の自己評価を実施します。この評価は秘密にしておくべきです。子どもたちが他の子どもからの影響を受けることなく彼らの日記に書いたり、熟考したりするからです。

　次に、子どもたちは他の人たちとの関係性を探求するときに、優先順位を示すための対人関係特性シート（**表3.2**）を実施します。これを自分の評価と比べさせます。健康的な対人関係を築くために、自分自身の対人関係の欠点を洞察させる試みとして、自分と対人関係を持ちたいと望んでいる人の特質とを比べさせます。4〜8学年の子どもたちは自己評価を自分で行いますが、低学年の子どもに対しては、教師が各質問を読んであげるとよいでしょう。

例 3.1　友だちそれとも敵？

> トーマス：ヘイ、ジョー、昨夜貸してあげたニンテンドウのゲームはどうだった？
> ジョー：黒い二つの惑星が衝突したときの爆発は恐ろしかった。
> トーマス：ああ、それは僕も気に入ったところだよ。ブラックホールがあるだろ？　エイリアンがブラックホールへ払いのけられたとき、ぞっとしたよ。
> ジョー：ヘエ、僕はまだそこまでいっていない。
> トーマス：ああ、ぞっとする。それで、僕のゲームはどこ？　戻してくれるよね？
> ジョー：それがまだ僕の家なんだ。
> トーマス：どうして？　君は今日学校で返すと約束したじゃないか。
> ジョー：それが、どうしたんだ。明日持ってくるよ。ちょうどエイリアンがブラックホールに入るところも見られるし。
> トーマス：頭にきた。君は今日返すと言ったじゃないか。君は嘘つきだ。君を当てにすることなんてできない。なんて嘘つきなんだ。
> ジョー：僕を嘘つきと言うなんて、殴ってやる。君がそんなに問題にするなんて、信じられない。明日、君の馬鹿なゲームを持ってくるよ。おやまあ、なんて大きな赤ちゃん。
> トーマス：明日、持ってこいよ。君は本当に情けないやつだ。

表 3.1　対人関係の自己評価

> 「当てはまると思わない」を1、「当てはまると思う」を5として、自分の強い面と弱い面を評価しなさい。
> 1. 私は普段、他の人のことを信用している。　　　　　　1　2　3　4　5
> 2. 私は家族や友人に対してよく世話をする。　　　　　　1　2　3　4　5
> 3. 私が気持ちを傷つけたことを相手のボディランゲージですぐに気づく。　　　　　　　　　　　　　1　2　3　4　5
> 4. 私が誰かの気分を悪くさせたことに気がつけば、私はそのことを話そうとする。　　　　　　　1　2　3　4　5
> 5. 誰かと議論するとき、私は自分をコントロールすることを心がけ、怒らない。　　　　　　　　1　2　3　4　5
> 6. 友人は話したいときに私が良い聞き手になってくれると思っている。　　　　　　　　　　　　1　2　3　4　5
> 7. 私は気持ちと感情について話すことは重要だと感じている。　　　　　　　　　　　　　　　　1　2　3　4　5
> 8. 大人になっても、長期間の友人関係をもっていたいと思っている。　　　　　　　　　　　　　1　2　3　4　5
> 9. 正直さは私が非常に重要だと思うことである。　　　　1　2　3　4　5
> 10. 私の友人や家族のほとんどは私が頼りになる人間であると感じている。　　　　　　　　　　　1　2　3　4　5

表3.2　対人関係の評価

あなたにとって大切な人、例えば、親、友人、将来の配偶者の特性について考えなさい。 私は次のような人と対人関係をもちたいと思っている。その人は、……	
1. 普段、他の人のことを信用している。	1　2　3　4　5
2. 家族や友人に対してよく世話をする。	1　2　3　4　5
3. 相手の気持ちを傷つけたことをすぐに気づく。	1　2　3　4　5
4. 気分を悪くさせたことに気がつけば、そのことを話す。	1　2　3　4　5
5. 誰かと議論するとき、自分をコントロールすることを心がける。	1　2　3　4　5
6. 私が話したいときに良い聞き手になってくれる。	1　2　3　4　5
7. 気持ちと感情について話すことは重要だと感じている。	1　2　3　4　5
8. 大人になっても、長期間の友人関係をもっていたいと思っている。	1　2　3　4　5
9. 誠実さは非常に重要だと思っている。	1　2　3　4　5
10. 友人や家族に頼りにされている。	1　2　3　4　5

出典：Gwen Doty, *Emotional Intelligence in K-8 Students* 一部改変。

暴力なしでの怒りの解消

　次の例3.2に書かれているトーマスの幼稚園第1日目の話を読んで、伝統的状況の幼稚園なら、この先、起きることを予測することができるでしょう。トーマスはエネルギーと熱意にあふれていて、多くの攻撃的な傾向をもっています。学年が上がるにつれて、彼は先生や友だちからの人気がなくなってきました。彼の攻撃的な性格は通常のクラスでは合わないし、そして彼は向社会的な性格をもっていません。彼はますます欲求不満がたまり、受け入れられなくなるでしょうから、彼の攻撃性は自然とはずみがかかるでしょう。トーマスが5、6年生になるまでに、彼はおそらくガキ大将として知られるようになるでしょう。そして、彼の攻撃性は最高潮に達するでしょう。トーマスが成長して、スポーツ、対人関係、職場などの社会的場面におかれたなら、彼は人を受け入れない、社会性が未発達な状態でいるでしょう。

例3.2　トーマスの幼稚園初日

　トーマスは幼稚園の第1日目を待つことができないくらいでした。彼にとって大切な日への期待があまりにも大きく、その1週間半も前から、朝、5時に目が覚めました。ついに、月曜日の朝が来ました。トーマスのお母さんは彼を幼稚園に連れて行き、教室に入り、新しいジェームズ先生に紹介しました。トーマスは興奮とエネルギーで一杯でしたので、我を忘れて、教室の中を走り回り始めました。ジェームズ先生は"不満な表情"で、「教室では、バンジー（家に死人のあるときに大声で泣いて予告する女妖精）のように走り回らないのですよ」と言いました。トーマスは、多くの新しいクラスメイトに会えることをとても楽しみにしていましたので、彼らみんなを抱きしめないといけないと決めました。彼は子どもたちを少しずつ連れ出し、彼らのまわりをまわったのです。ジェームズ先生はこの行動を好みませんでした。そして、トーマスに、休み時間の間、壁の前に立っているように言いました。昼食の時間に、トーマスは鼻からミルクを出して、新しい友だちを楽しませることができることを発見しました。子どもたちは人を楽しませる彼の才能を気に入りました。しかし、ジェームズ先生はそうではありませんでした。お話の時間、トーマスはペーパークリップを曲げて、押すとジャンプすることを見つけました。これは女の子をびっくりさせたので、トーマスはそれが面白かったのです。1人の女の子が興奮して、ジェームズ先生に、トーマスが"いやな子"だと告げました。それで、他の多くの女の子たちも彼の方を向いて、文句を言い始めました。その日の終わりまでに、トーマスは欲求不満と苛立ちを感じていました。彼はジェームズ先生や他の子どもたちに自分を好きになってもらおうと一生懸命だったのです。何が悪かったのでしょう？なぜ子どもたちは彼が友だちになりたがっているのに気づかなかったのでしょうか？　彼らが友だちになりたがらなかったので、彼も友だちになりたくなくなったのでしょう。幼稚園が終わって子どもたちが帰るとき、トーマスは告げ口をした女の子が水のみ場で水を飲んでいるのを見つけました。彼は衝動的に走って行って、彼女の頭を強く押しました。すると、女の子はずぶ濡れになったのです。ジェームズ先生はそれを見て、トーマスの襟首を捕まえ、彼のお母さんが待っている駐車場へ連れて行きました。そうしてトーマスは幼稚園第1日目を終えたのです。

　多くの子どもたちは社会性を期待されていることを理解しないで、幼稚園や小学校に入学します。これらの子どもの何人かは攻撃的な性格をもって学校生活を始めますが、観察や友だちとの交流で相手を受け入れる行動を学びます。しかし、そうでない他の子どもは決してその能力を得ること

はなく、私たちが失望する子どもとなります。そのような子どもたちに「こころの知性」のためのトレーニングが必要なのです。これらの子どもたちは相手の要求に敏感になり、友人の気持ちを読み取ること、効果的な会話のテクニック、さまざまな社会的状況での適切な行動の技術を教えるための学習活動が必要です。そして、彼らが傷ついたときに適切な反応をするための指導が必要です。トーマスが水を飲んでいる小さな子どもの頭を押す場面は教育の場となっていたかもしれません。ジェームズ先生はこのわるさの理由についてトーマスと話す時間をもち、攻撃的行動以外の選択について話し合えたかもしれません。

　破壊的、攻撃的な傾向をもった小学校の新入生はティーンエージャーになるまでに非行的になることが多いという研究報告があります。そして後になって、そのような子どもたちは深刻な暴力的な罪を犯すこともよくあります (Huesmann, Eron, & Warnicke-Yarmel, 1987)。幸運にも、研究報告は敵意を示す子どもの態度や行動を変えるのにポジティブな影響をもつ暴力防止のプログラムを示しています。

　破壊的な、けんか腰の子どもは私たちが止められない罪の人生に運命が定められていると信じるよりも、正しい、人を受け入れる行動の反応を教える系統的な計画を立てる必要があります。ほとんどの先生たちはすでに毎日のカリキュラムでいっぱいで、別のプログラムを追加する時間やトレーニングの余裕がありません。しかし、私たちはある種の「適切な感情反応」トレーニングを通常の授業に効果的に統合することができます。

　授業に攻撃性や暴力防止の技術を取り入れ始めるにつれて、すべての子どもたちは適切な社会的行動を学ぶことから利益を得ます。そして、活動や行動に反映させることによって、子どもたちは授業内容をより深く理解するということを心にとめておくべきです。次のリストは暴力防止の授業のための指導です。

■協力チームは実際の生活上の問題を解決することができます。
■争いを含んだ物語を読みなさい。生徒はその問題を暴力なしで解決する

ための提案をすることができます。
■個人的な争い、クラスの中の争い、ある内容に関連した争いについて雑誌に反応を書くことができます。
■登場人物や別の子どもたちの立場に立つように指示します。これが子どもたちを思慮深くさせることになります。
■新聞から暴力の批判記事を切り抜き、その問題が暴力なしでどのように解決されうるのかクラスで意見を集約することができます。
■生徒は学習活動の中で次のような問題解決能力を使うことができます。
　①問題を述べる。
　②ブレインストーミングをする。
　③解決方法を可能なものにしぼる。
　④最終的に、最良の解決方法を選択する。
■怒りを解消するのに、適切なあるいは不適切な方法を示す場面のロールプレイをすることができます。
■暴力に立ち向かっているビデオを見せ、暴力へと導くステップについて、そしてそれをどのようにして防げるか、クラスで議論させなさい。
■本当に怒らせるできごとを五つ、そして、その暴力を用いない対処方法を五つ、子どもたちにリストアップさせなさい。
■「私の感情とは何？」を演じさせなさい。
　①「私はもう家に帰らないといけません」という文を子どもたちに言わせる。
　②その時に子どもたちは次に挙げる気持ちを表すように言う。
　　a.本当は家に帰りたくない。
　　b.本当は家に帰ることについてわくわくしている。
　　c.家に帰りたいが、話している相手が帰らせたくない。
　　d.家に帰りたくないが、話している相手が帰らせたがっている。
　③子どもたちは表出されている感情を推測する。

一生続く恩恵
　社会的スキルが「こころの知性」に関係しているということ、そして、子どもたちの中の何人かはこのようなスキルをもつようになる気質をもって生まれてきていないことを思い出してください。さらに、子どもたちが家庭でポジティブなモデルをもっていないとき、怒り、心の痛み、欲求不満に対処する適切な方法を見る機会はありません。教育者は、自分自身や他者の行動に気づく機会を与える簡単なテクニックを毎日の授業に導入することができるのです。これらのテクニックは、練習し、実行されれば、子どもたちの個人や職場での生活において有益となるでしょう。子どもたちとともに探求できる領域は次のものです。
■スポーツ活動
■職業の準備
■健全な人間関係
■職場でのコミュニケーションスキル
■良い友人関係
■暴力なしの怒りの解消

第2部
「こころの知性」の構成要素

4. 自分と他者についての認識

　彼は、すごすごと8年生の教室に入り、床にかばんを投げ出して、自分の席に滑り込みました。彼は、汚れたジーンズにしわの寄ったTシャツを着ています。彼は髪をとかしたり、顔を洗う時間がなかったようでした。例えば、だらしない姿勢、腕組み、うなだれた頭、そして目線を合わせないなどの典型的なボディランゲージは解読が容易です。しかし、教師たちは、彼が無力なのかわがままなのかを確信できないでいました。彼は、注意力散漫な生徒ではないので、たいていは気づかれなくなります。数学の授業の間、彼は同級生の誰とも関わることを強要されないので、迷わず空想にふけります。彼の空想のあらすじは日々変動しますが、根本的なテーマは同じでした。彼は空想の世界を支配しています。人々はみんなを救ったり守ったりする彼を頼りにし、そして彼は、いつも「悪役」をやっつけます。燃えている建物から家族を救ったり、敵の飛行機を破壊したり、あるいは押し寄せる洪水から町全体を救ったりした後に彼の空想の最終章が訪れます。彼は称賛され、彼の不断の努力や見事な技、勇敢な行為に対して報酬が与えられます。彼は尊敬され敬われ、そして地域の人たちの見るところでは重要な存在でした。

　終わりのチャイムが鳴りました。彼は空想からパッと覚め、ゆっくりと自分のカバンに勉強道具をしまって数学の教室から次のクラスへ移動します。

　この生徒は感情の危機にいます。彼は自分の人生でのできごとを何もコントロールできないと感じています。彼のボディランゲージや見た目は、

自尊心の低さを示し、彼は友人がいないように思われます。

上記の場面をより明確に説明するためには、最初に自己認識の用語について定義する必要があります。そしてそれは「こころの知性」に不可欠な構成要素です。しかしながら、自己認識は、「こころの知性」の一部分ですが、本当の「こころの知性」を定義するためには、他の要素が一緒につながっています。

自己認識を理解するために、自分自身の知識と結びついている自己像の性質について考えてみましょう。自己像とは、各個人が、自分自身の存在について心に抱いている信念、態度、意見の総体のことです（Purkey,1988）。

これらの信念が、自分の長所、限界、能力、無力さなどを認識し、本当に理解することに結びついているとき、自己認識を形成します（図4.1）。

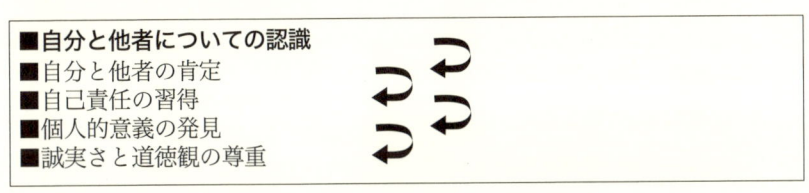

■**自分と他者についての認識**
■自分と他者の肯定
■自己責任の習得
■個人的意義の発見
■誠実さと道徳観の尊重

図4.1 「こころの知性」の構成要素

意識的な認識

毎日、子どもたちが教室の中に一歩踏み入れると、彼らはその日を過ごすために意識レベルを選択しなくてはなりません。自己認識の能力をもっている子どもたちは、その日にあるレベルで動こうと意識的に決めます。例えば、ティナは、教室の入り口に向かいながら心の中で思うかもしれません。「昨日、リンダと私はうまくいかなかった。だから、今日は彼女に対して怒らないようにしよう」。アルバートは登校しながら考えるかもしれません。「昨日の数学のテストが散々だった。今日はノートをとり集中しよう。そうすれば、次のテストでもっと点数をとれる」。

自己認識や意識的な決定、プロセス立てた考えができないような子ども

たちは、低い自尊感情を持ち続けています。このような子どもたちは、仲間の子どもたちの感情や気持ちを認識したり、気づいたりしないようです。自己や他者についての認識の欠如は、生涯にわたってジレンマを感じるだけでなく、大きな社会問題を引き起こすかもしれません。彼らが自分の気持ちや感情を少しも理解していないのに、私たちが、同級生について共感するように求めることはできません。

　他者の苦境に対して共感する能力は、洞察力に富んだ自己認識からのみ生まれます。子どもたちが、一度も自分の傷ついた様子を認識したことがない場合、どうやって、他の子どもの傷つい表情を理解することができるでしょうか？

　自己認識を教えることの効果は、他者を理解することになり、今日の世の中で非常に重要です。他者に共感する能力は、生涯を通じて働くことになります。私たちは、人との関係を長く維持するために共感が必要なのです。私たちは、職場や家族の中、また子育ての場で、共感することを理解し用いなければなりません。他の人を思いやる気持ちの欠如は、今日の学校で起こっている暴力行為を引き起こしているかもしれません。暴行犯、精神病質者、暗殺者に見られるような社会的な良心の完全なる欠如は、かつて一度も自己認識をせず、他者に対して共感することのできなかった人の感情の分離を示しています。

　教師は、いくつかの方法で子どもたちの中のより深い意識的な気づきを育てることができます。：

▶自由な発想と探究が進められる安全な教室環境を作ります。もし、子どもたちが、他から反撃されることなく意見を表現できることを知っているなら、彼らは、もっと議論に参加するようになるでしょう。

▶探究することによる学習は、子どもたちに、受け身で情報を記憶することよりも答えを探すことを動機づけます。例えば、もし、授業の目的が

脊椎動物と無脊椎動物について学ぶことなら、教師は「背骨のあるあなたの好きな動物と背骨のないあなたの好きな動物を選びなさい。それらの二つの動物で、他の特徴を対比し、比較しなさい」と言うことによってその単元を始めるとよいでしょう。このような結論の決まっていない授業では、生徒がそれらについて興味のあるテーマを選び、探究することができるので、彼らはよりいっそう情報を探そうとするでしょう。

▶特別なクラス議論は、時々、子どもたちにその会話から大きな意味を引き出させ、徹底的に彼らを議論に熱中させます。付け加えて言うなら、彼らは、仲間の感情を「読む」機会を得ます。ここにこの形式の議論を行うための計画があります。：

- ■ 子どもたちは、4、5人の議論のためのグループを作ります。
- ■ 教師は、適切なテーマ（あるいは、子どもたちが提案したもの）を割り当てます。
- ■ それぞれの子どもは、次の4枚のカードを準備します。：
  1. 私の気持ちは……です。
  2. 私はあなたに同意します。なぜなら……。
  3. 私はあなたに反対します。なぜなら……。
  4. 私も付け加えたいのですが……。
- ■ それぞれのグループのメンバーが、4枚のカードのうち少なくとも3枚を使えば、彼らは新しいテーマが出されるまでに、議論を終わらせるか決めていいのです。

メタ認知

本当の自己認識は、知性の高いレベルを伴います。子どもたちが、本当の自己認識を達成するためには、メタ認知の技能を用いなければなりません。これは自分自身の思考過程について気づくようになることを意味します。言い換えれば、子どもたちは、彼らの考えについて考えることを学ぶ

のです。子どもたちがが何を感じているのかやなぜそれを感じているのかを認識するときに、自己認識は成し遂げられます。教師が、比較的成績の低い生徒に宿題を返した後、その子どもの心の対話の自己認識は**例4.1**によく似ているかもしれません。

　理想的な社会では、例4.1にある子どもの対話は、内省的な思考の基準になるでしょう。しかし、本当は、教師は子どもにこのメタ認知の思考過程を通してどのように考えが決まっていくのかを教えなければなりません。私たちは、彼らに自分の気持ちを推し量ったり、それらの気持ちについてどう感じたかを理解するための手段を与えなければなりません。私たちは学校が始まるとすぐ、子どもたちにメタ認知の思考過程を用いることを教えるべきです。

　私たちは最も幼い時期の経験をもとに、自己認識を身につけ始めます。私たちは、経験すること、その経験についてよく考えること、そして他人が自分の経験について言ったことを同化することの過程から、自分の一生涯を通じて自己認識を発展させ維持し続けています。私たちもまた、経験に対する自分の行動を反省し、それを自分の予想と他人の予想を比較します。それから、自分の性格や教養を他人のそれらと比較することで、自分の自己認識を形成していきます。

　人生において、総体的な幸福に影響する自己認識の三つの重要な側面は、外見的な自己認識、学業上の自己認識、社会的な自己認識です。

外見的な自己認識

　外見的な自己認識は、人がどのように見られるか（服、ヘアスタイル、宝石、人が身につけているものなど）や人がどのような家に住んでいるのかといった有形のものすべてを含んでいます。

学業上の自己認識

　学業上の自己認識は、学力や成績、概念理解に関して、学校でどれほど

例 4.1

> クロスビー先生には頭にきました。私の宿題をけなすなんて、いったい先生は何様だと思っているのでしょうか？
>
> 確かに、私は昨夜、十分な努力をしませんでした。だからといって、先生は私の文章を削る権利があるのでしょうか？
>
> おや、ここで私はどんな気持ちですか？ それは怒りですか？ いいえ、私が本当に感じているのは苦痛です。クロスビー先生が私の宿題によい反応を示さなかったので、私の気持ちは傷ついています。
>
> 私の感情はもっともですか？ うーん、私が傷ついているのは妥当だと思います。なぜなら、私はクロスビー先生に認めてもらいたいからです。しかし一方で、私は宿題をいつもほど一生懸命やらなかったことを認めなければなりません。
>
> だから私は傷ついた自分の気持ちを理解し、建設的に先生の批判を受け入れるつもりです。そして次の宿題にもっと多くの時間を使うつもりです。

うまくやっていくかを認識することに関係しています。子どもたちがほんのわずかしか学業上成功していないとき、当然、学業上の自己像は悪くなります。しかしながら、これらの成績の低い子どもが、十分に自分の弱点に気づき、意識的に認識している状態にあれば、彼らには学業成績を向上させるための作戦が開かれています。

多くの分野で成績の低い子どもが、数学や読書、芸術、音楽のような、一つないし二つの特定の分野では、明確な長所をもっているとき、もし、この長所が認められて育成されるなら、彼らは高い学業上の自己認識を獲得するでしょう。もう一度言うと、成功への鍵は、子どもがこれらの長所を認識しているかどうかです。一方で、多くの分野で学問的な成功をおさめている子どもの場合は、特別な成功についてなぜそうなったか、そしてそれらの成功について彼らはどのように感じるかをよく考える機会をもったとき、高い学業上の自己認識を獲得するのにとても有望です。

社会的な自己認識

社会的な自己認識は、仲間、同僚、家族、あるいは見知らぬ人であろうとなかろうと、どのように他の人と関わるのかということに関連しています。子どもたちには、積極的あるいは消極的な仲間関係について、深く考

えることができる機会が必要です。彼らが仲間の感情的な反応を「読む」技術を学ぶことは重要です。

ダニエル・ゴールマン（1997）は、アメリカ合衆国と他の18の諸外国で7,000人以上の人々に対して行ったテストを引用しています。結果は、より良い感情の調整ができ、非常に人気があり、より外向的で繊細な人格を含んだ非言語的な手がかりから、感情を読み取る能力によって、人はどのような利益を得るかを示しています。

行動がゆっくりで、仲間との関わりがなく、空想の中で慰めを見出している無気力な8年生について、彼の自己認識の状態を考えてみましょう。彼の外見的な自己認識に関して、彼のほとんど努力のない外観から、私たちには、彼は、非常に誇りと自信に欠けているように見えます。彼の孤立した様子は、彼の情緒的な状態がよくないことを示す教師への警告信号です。彼はなぜ自分の外見に自信をもたないのでしょうか、彼は、自信の欠如についてどのように感じているのかを自分自身に問いかけることを学んできませんでした。ある段階で彼は、自分の外観に関して意識の低いレベルで機能することを選びました。

学校で彼の教師は、彼の不十分な努力が、本当に能力の欠如なのか、あるいは反抗的な行為なのかよくわからないでいました。この少年は、主に五里霧中で歩き回っているので、彼の社会的な自己認識を形成する機会は非常に乏しいのです。というのは、自分自身の感情や他人の感情、あるいはこれらの感情を処理するために適した方法を理解するための訓練が全くないこの道を下り続ける限り、彼の自尊感情は低下し続けるでしょう。彼は、自分の実際の行動を空想の行動と比較し、自分自身を失敗者として分類するでしょう。成し遂げた（そして、それらの成就についての内省した）結果として、高い自己認識を得た同級生を見るでしょう。しかし、なぜ彼が同様に達成できていないかについて自問するようには教育されていません。要するに、この子どもは、ポジティブフィードバックや自己認識を理解できるようになる教育なしで、自己の能力を十分発揮できない生活に向

かって、孤独で寂しいトンネルを螺旋状に下り続けているのです。

　自分自身に正直で、他者の感情を理解しようとする意識的な努力が、自己認識の鍵です。私たちが恐れるものや私たちが信じること、私たちが自分自身について好きなこと、私たちが自分自身の中で不快なことを見ることは勇気がいります。自己認識は、他人に関して洞察深いこと、そして、誰かが傷ついていたり、腹を立てていたり、嬉しかったり、あるいは悲しいときに気づくことに密接に関係しています。最終的に、自己認識は情報を受け取り、人がどのように感じるか、そう感じるのはなぜか、それについて何が成されるべきかを決断することを意味しています。

　次のページにいくつかの関連した内容の自己認識活動があります。それらは適切な学年のレベルによって分類されています。

自己認識の活動 1
私自身を私に紹介しよう

レベル：幼稚園児から4年生まで
教　科：理科、国語
指　示：子どもたちは授業で散策をします。これは運動場や近くの公園、近所で行うことができます。子どもたちは、岩や葉っぱ、あるいは小枝のような自然の美しいものを探すように言われます。子どもたちが教室に戻るとき、彼らは自然から採取したものが自分に似ているか、似ていないかを判断します。ワークシートの真中の欄は、子どもと自然物の類似性について表します。

　幼稚園児と1年生は、それらを書くより、むしろそれらの比較を図示してもよいでしょう。

私	私と自然の物体	自然の物体
大きさ：	大きさ：	大きさ：
形：	形：	形：
外見：	外見：	外見：
色：	色：	色：
触感：	触感：	触感：
ニーズ：	ニーズ：	ニーズ：

自己認識の活動 1
私自身を私に紹介しよう

レベル：幼稚園児から4年生まで
教　科：理科、国語
指　示：比較チャートに必要事項の書き込みが終わると、子どもたちは、彼らと自然物の似ているところや似ていないところを示す手段としてベン図を考えて作ります。

幼稚園児と1年生は、この作業を先生と一緒にするとよいでしょう。

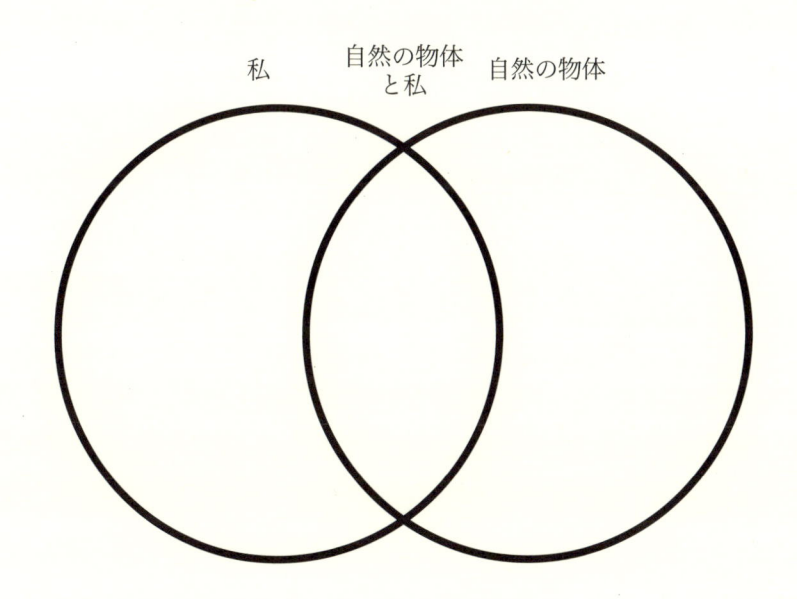

私　　自然の物体と私　　自然の物体

自己認識の活動　1
私自身を私に紹介しよう

レベル：5年生から8年生まで
教　科：理科、社会、国語
指　示：子どもたちは教育課程に関連した領域でさまざまな有名人を調べます。彼らは重要な発見をした有名な科学者や歴史上の重要人物を調査します。子どもたちはそれぞれに一番感心する人物を選びます。選び終えると、子どもたちは次の比較チャートに必要事項を書き込み、その人物と自分自身を比較し対照させます。

私	私たち2人	名前：_____
外観：	外観：	外観：
才能：	才能：	才能：
興味：	興味：	興味：
知性の程度：	知性の程度：	知性の程度：
労働観：	労働観：	労働観：
感情の強さ：	感情の強さ：	感情の強さ：

自己認識の活動　1
私自身を私に紹介しよう

レベル：5年生から8年生まで
教　科：理科、国語
指　示：比較チャートに必要事項を書き込んだ後で、彼らは、彼らが選んだ人物と似ているところや似ていないところを示すベン図を作ります。

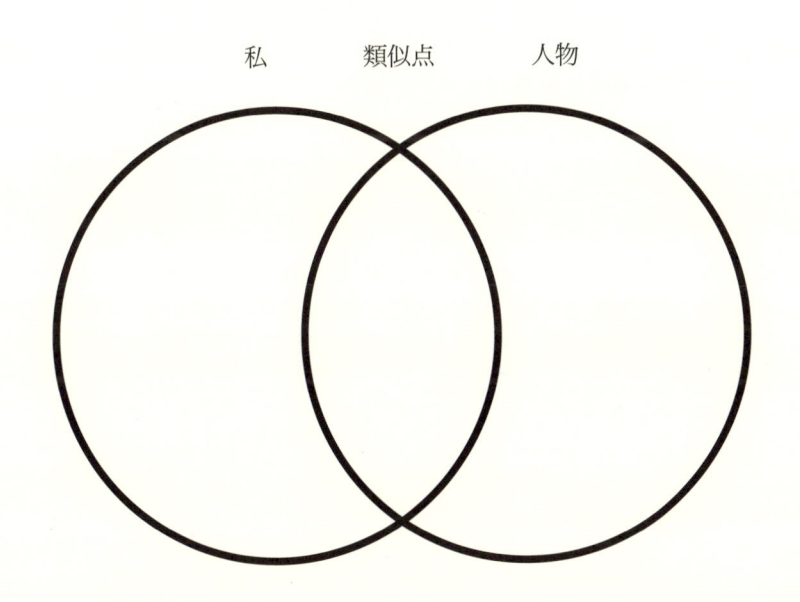

　　　　　　　私　　　類似点　　　人物

自己認識の活動 2
私の四つの感情

レベル：2年生から8年生まで
教　科：全教科
指　示：4枚のカードのそれぞれに次の四つの文を写し、そのカードを複写します。そして各々の生徒たちは4枚1組のカードを受け取ります。生徒たちは、4～5人のメンバーでチームを作ります。教師は議論のために内容の関連した話題を割り当てます。提案された話題のいくつかは、次のページの自己認識の活動2に用意されています。それぞれの生徒は4枚のカードを受け取り、そしてそれは、彼らに議論中の発言権を与えます。すべての生徒たちが4枚のカードを使い切ったとき、彼らは新しい話題が出されるまでに議論を終えます。

私の感情は...	私はあなたに賛成です。 なぜなら...
私はあなたに反対です。 なぜなら...	私も付け加えたい のですが...

自己認識の活動　2
私の四つの感情

レベル：2年生から4年生まで
教　科：全教科
指　示：自己認識カードが使われる国語、社会科、理科の質問事項が下にあります。

国語
——この主人公の気持ちはどうでしたか？
——彼（彼女）は何をすることができましたか？
——もしこれがあなたに起こったなら、あなたはどう感じますか？
——この話で最も恐ろしかった部分は何ですか？
——この話で最も面白かった部分は何ですか？

社会科
——あなたにとって「自由」の意味は何ですか？
——大統領は貧困に対してどうすべきですか？
——学校は暴力についてどうすべきですか？
——あなたは銃規制についてどのように感じますか？
——あなたの州旗が象徴しているものについて話してください。

理科
——もし超新星が今にも爆発しそうなら、あなたは人々に何を助言しますか？
——へびであることの利点は何ですか？
——海底を説明するのに最も適した言葉を三つ挙げなさい。
——水を大切に使うために私たちは何をすべきですか？
——あなたの好きな昆虫は何ですか？　そしてそれはなぜですか？
——火山と地震ではどちらが恐ろしいですか？　それはなぜですか？

自己認識の活動　2
私の四つの感情

レベル：5年生から8年生まで
教　科：全教科
指　示：人の気持ちや感情を含む内容をまとめる力を育てるために、下の例にある国語、社会科、理科のような文章の始まりを使いなさい。

国語

――物語が劇的なクライマックスに達したちょうどそのときは...です。
――正直に自信と力強さ示した登場人物は...です。
――最も多くの感情が表面に出ていた本の部分は...です。
――その本が一貫し訴えていたことは...です。
――成功した生活をする見込みが最もなさそうな登場人物は...です。
――成功した生活を最もしそうな登場人物は...です。

社会科

――私が（北部同盟／南部同盟）軍と見分けられたのは...だからです。
――南北戦争を回避するために、リンカーン大統領は...できたのです。
――独立戦争で、最も尊敬すべき人物は...です。
――パトリック・ヘンリーは（勇敢な／弱虫な）人でした。なぜなら...。
――ジョージ・ワシントンが行った唯一の最も重要な行為は...でした。
――校内暴力の削減で最も影響力があることは...。

理科

――水の保護は...から始めるべきです。
――たとえ一つの病気だけでも研究のために資金を提供されさえすれば、その病気は...。
――クローンについての私の心配は...です。
――脳の最も興味のある機能は...です。
――私が最も恐れている自然災害は...です。なぜなら...。

自己認識の活動　3
ボディランゲージを読む

レベル：幼稚園児から8年生まで
教　科：社会科、国語、理科
指　示：教師は下記に示す4種類のボディランゲージについて読み取ることを子どもたちに教えます。次に、授業の内容に関係している写真を見つけます。教師は子どもたち（3年生〜8年生）に写真の人のボディランゲージをよく観察するようにいい、そしてそれらの人々の感情や意志について推論させます。最後に、子どもたちに彼らの洞察力についての感想文を書かせてもよいかもしれません。

　幼稚園児から2年生までは、彼らの考えを口頭や絵を描くことによって発表し合ってもよいでしょう。4種類のボディランゲージを例示している写真は理解を助けるでしょう。

4種類のボディランゲージ

○**ジェスチャー**：開放的な態度は、手の平が上を向く、手を広げる、腕を伸ばすなどを含んでいます。防御的、あるいは退屈なサインは、腕や足を組む、うつむく、手で目を擦る、手を固く握るなどです。

○**表情**：好意的な反応は、口角が上を向いている、まっすぐな視線などを含んでいます。口角が下がっている、あるいは一直線の唇は、退屈や意見の相違を示します。額や眉間にしわを寄せることは、聞き手が言われていることに賛成しない、あるいは信じていないを表します。

○**姿勢**：人がぐったりとうなだれた姿勢で、話し手から離れて前かがみに座っているとき、それはしばしば、だまされた、退屈、落ち着かないなどの気持ちを表しています。人がまっすぐな姿勢で前方に傾いているとき、それは、彼らが話し手の言ったことに興味をもっているようです。

○**動作**：人が目的をもち、まっすぐな姿勢で視線を見据えて歩いているとき、彼らは自信と能力を表しています。

自己認識の活動　4
感情の手がかり

レベル：幼稚園児から 8 年生
教　科：国語、社会科
指　示：子どもたちは物語や記事、あるいは抄録を読みます。言葉、著者の記述、そして主人公の行動をもとに、子どもたちは、主人公の気持ちについての手がかりを捜します。子どもたちが読み取りや議論するとき、彼らは、「感情」の言葉の表を参考にします。彼らは、主人公の感情状態を描写していると思う言葉を丸で囲むとよいでしょう。

幼稚園児から 1 年生までの教師は、議論される感情を表示するために写真を使うとよいでしょう。

感情の言葉

寛容である	孤独な	軟弱な
尊敬に値しない	元気のいい	リラックスした
意地悪である	愛らしい	控えめの
信用できない	愛している	独断的な
執念深い	大胆な	寛大な
気がきく	心が広い	穏やかな
友好的な	弱い	面白い
注意深い	心づかいのある	優しい
養護的な	安定した	強い
楽しい	感謝している	情け深い
欲求不満	忍耐強い	平和的な
辛抱強い	思いやり深い	思慮深い
怒りっぽい	苦痛に満ちた	意気消沈した

自己認識の活動　5
認識の警告！

レベル：幼稚園児から4年生まで
教　科：国語、社会科、理科
指　示：生徒は、さまざまな教育課程に関連した読み物、議論、できごとについて、彼らの感情を示すために使われる自己評価尺度を導入されます。これらは、当てはまるところに丸をすることによって、彼らの感情を指摘するためのものです。この尺度を使うことによって、生徒たちは自分自身の理想、信念、そして観点を確認し理解し始め、それゆえ、より多くの自己認識を獲得することができます。

幼稚園と小学1年生の教師は、悲しい顔、うれしい顔のようなスケールを好むかもしれません。そして生徒は、教師の口頭の質問に基づいて自分の気持ちに丸をつけます。

　自己評価尺度

非常にすばらしいもの	悪い知らせ
簡単！	何だ???
幸せに思う	悲しく思う
私はこれを使う	私はこれを使わない
私は賛成	私は反対
自由な気持ち	窮屈な気持ち
楽しい	退屈
私はそれが好きだった	私はそれが好きではなかった

自己認識の活動　5
認識の警告！

レベル：2年生から4年生まで
教　科：国語、社会科、理科
指　示：教師は次の物語を生徒たちに読ませます。物語についてクラス議論をする前に、生徒は53ページの自己評価尺度に丸を書き込み、他に依存しない独自の自己像をもちます。

　ロージーは、数学テストに取り組むため、席に着きました。「おや」彼女は思いました。「このテストは、思っていたよりも確かに難しい。私はこれらの問題のいくつかの解き方がからない。」
　ちょうどそのとき、ロージーは彼女の真向かいに座っている女の子をちらりと見ました。彼女の名前はルース・アンネで、彼女はいつもロージーにあまり親切ではありませんでした。ルース・アンネは背伸びをし、彼女の前に座っている男の子の机の上を見ていました。「彼女はカンニングをしている！」とロージーは思いました。「彼女は数学のテスト問題の答えを書き写している！彼女は昨夜、勉強を全くしなかったに違いない。」
　ロージーは、ルース・アンネがカンニングをし、全く勉強をしないで良い成績をとるかもしれないことに怒りを感じました。彼女はどうすべきか決めなければなりませんでした。もし彼女がルース・アンネについて告げ口をしたら、友だちの何人かは、彼女を「告げ口屋」と呼ぶかもしれません。ルース・アンネは、ロージーに今よりもいっそう卑劣になり、意地悪になるでしょう。彼女は、それについてルース・アンネと話をし、もし彼女が再びカンニングをしたときは、彼女は先生に言うことを決めるか、あるいは、彼女がそのすべてのことを全く無視して、テストを終えることができました。
　ロージーは、休憩時間にルース・アンネと話をし、彼女にカンニングはよくないと告げることを決めました。そして、彼女が次またカンニングしたときは、先生に知らせなければならないと決意しました。

　あなたはロージーの決断についてどのように感じますか？　あなたは違った何かをしましたか？

自己認識の活動　5
認識の警告！

レベル：5年生から8年生まで
教　科：国語、社会科、理科
指　示：生徒は、さまざまな教育課程に関連した読み物、議論、できごとについて彼らの感情を示すために使われる自己評価尺度を導入されます。これらは当てはまるところに丸をすることによって、彼らの感情を指摘するためのものです。この尺度を使うことによって、生徒たちは自分自身の理想、信念、そして観点を確認し、理解し始めます。それゆえ、より多くの自己認識を獲得することができます。

自己評価スケール

完全に一致	全体的に相違
簡単な考え	難しい考え
楽しい感情	煩わしい感情
重要	不必要
感動的	抑制的
自由な感情	拘束された感情
創造的	模倣的
有用な情報	不適切
面白い概念	退屈な概念
適切な行動	不適当な行動
役に立つ情報	無用な情報
とても楽しい	全く楽しくない

自己認識の活動　5
認識の警告！

レベル：5年生から8年生まで
教　科：国語、社会科、理科
指　示：生徒たちは、アメリカ独立戦争の愛国者、パトリック・ヘンリーについて次の抜粋を読みます。抜粋について議論する前に、生徒は、55ページの自己評価に丸を書き込むことによって、独自の自己像をはかります。

パトリック・ヘンリー、アメリカの愛国者

　パトリック・ヘンリーは、アメリカの雄弁家で、彼の満ち溢れた情熱と愛国心は、アメリカ植民地を革命へと導き、重要な役割を果たしました。ヘンリーは小売業者をし、それから、農場経営者でした。これらの職業の両方に失敗した後に、彼は有名な弁護士になりました。1765年まで、ヘンリーはヴァージニア州の植民地議会の一員で、州議事堂で彼は、印紙条例に反対し、七つの決議案を提出しました。彼の決議の五つは、過半数以上の票によって可決され、そして、彼の決議の七つのすべてが、植民地新聞に掲載されました。

　パトリック・ヘンリーが1769年に下院議員に再選されたとき、彼はイギリスから逃れたがっている急進主義的な反体制グループに加わりました。下院議員は、1774年に解散し、そして、ヘンリーはヴァージニア州の革命会議の一員になりました。1775年3月23日、代表者会議の前の演説で、彼は州の防衛を行うことについて、ヴァージニア人に嘆願しました。彼の有名な演説はこれらの言葉として覚えていられています。：

　「あなた様、その事態を軽減するために、軽々しく、あなたは平和、平和と叫ぶかもしれません。しかし、それらは平和ではありません。現に、戦争は始まります！なぜ私たちは、ここで、無駄に我慢しているのでしょうか？あなたが望むのは何ですか？それらは、何をもたらすのでしょうか？鎖や奴隷制度の代償として得られるほどの、貴い命や素敵な平和なのですか？！全能の神！それを禁じます。他の人たちがとるかもしれない進路(過程)について、いい考えがありません。しかし、私はどうかと言えば、私に自由を与えなさい、しからずんば死を与えなさい！」

要　約

　内容の中に自己認識活動を統合することによって、私たちは子どもたちに彼らの過去の信念と自分の意見、気持ち、そして資料に基づいた観点の新しい認識とを連合させます。

　自己認識の活動から子どもたちは、特定の日に、彼らが達成したいアカデミックなレベルについて意識的に決断することを学べます。

　教師は、安全でさらに、すべての思いや考えが尊重され子どもたちに深く考えさせる環境を確立することによって自己認識プロセスを高めることができます。

　調べ学習、あるいは発見や探索学習と、毎日の活動の中に取り入れることができます。

　開放的なクラス議論は、時間がかかる特別な方法というよりもむしろ、授業を成功させるための構成要素として高く評価されなくてはいけません。そして、メタ認知による考え方（当面の情報に関して自分の気持ちについて考える能力）は、生徒の評価の一つにならなくてはなりません。

　教育者は、彼ら児童・生徒の身体の自己認識、学業上の自己認識、そして社会的な自己認識を高め育成することによって、子どもの幸福に直接的に影響を与えることができます。

5. 自分と他者の肯定

> もしあなたが、何かを成し遂げることができないと思うならば、あなたは成し遂げることはできないでしょう。あなたは自分自身の能力に自信をもち、そして最後までやりぬく強さをもたなければならないのです。── Rosalynn Carter

　第4章は、自分を認識するという能力を子どもたちに教えることの重要性が中心でした。私たちははっきりと外見面、学業面、社会面で自分を認識しなければ、自分を受け入れるようになることは難しいのです。このように、自己肯定は「こころの知性」の構成要素の中で第二番目に位置します（図5.1）。

■自分と他者についての認識
■**自分と他者の肯定**
■自己責任の習得
■個人的意義の発見
■誠実さと道徳観の尊重

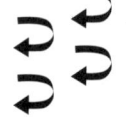

図 5.1「こころの知性」の構成要素

　自分の行動、信念、感情、生活状況の解釈の仕方は、自分自身を受け入れたり、肯定したりするための能力に影響を与えます。もし子どもが、自分と友だちになりたくないと信じ込んでしまっているなら、社会的な関係を築くことに臆病になり始めるでしょう。そしてそれゆえに、彼らは友だちができなくなっていくのです。もし、子どもが算数はうまくいかないと信じ込んでしまっているなら、落ち込んだり消極的になったりして、算数に対して最大限の努力をしようとしなくなります。そして、これらの子どもは算数の概念を理解しようとはしなくなるのです。教師の手助けなしには何もすることができないと信じ込んでしまっている子どもたちは、そう

いった考えのために適応性に欠け、依存傾向が強くなってしまいます。子どもが自分は愚かで達成することができないと思っているならば、彼らは自分自身には価値がなく、受け入れてもらえないと感じ、あるいは自分自身のことをいやに思うことさえあるのです。

「こころの知性」の構成要素のリンクの中で第2番目に位置している自己肯定は、身体面、学業面、社会面での自分の強さと弱さの両方に気がついている子どもたちだけが、実感することができるのです。自己肯定は"自分が感ずるままの感情を感じ、ありのままを信じ、好きなものを好きだと感じ、そして自分に能力があることを認めることができる"ということを理解し、受け入れる能力です。言い換えると、それは私たちが倫理、価値観、先入観、欠点、強さ、弱さを持ち続け、そしてそれらを受け入れようとすることなのです。同様に、子どもたちはクラスメイトたちが自分自身の信念や価値をもっていて、そしてあるがままでいる権利があるのだということを学ばなければなりません。彼らは他者の考え方に目を向け、共感できるところを見つけだせるようにならねばならないのです。そしてこれは、子どもたちが自分自身を評価する方法を見つけたときに初めて、可能になるのです。

自己肯定は、自分、そして自分の不完全さなどのすべてを受容し、愛し、価値を認め、支えようとすることと関係があります。そしてそれは、異なる信念、姿勢、価値観をもった他者を認識し、それらの違いに対しても向き合うことができるようになることにも関係しています。共感を学んだ子どもは、"他人の靴で歩く"ことができ、そして個々が感じていることを感じることができるのです。

共感について学ぶこと、それは自己肯定感を身につけた人に見られる特性ですが、それは生涯にわたっての利益であるのと同時に学業上でも役立ちます。1,011人の子どもたちに実施したテストで、共感性を習得している子どもは、知能指数の高低に関わらず、他者が行う非言語的な感情を読み取る能力に長けていたのです (Nowicki & Duke, 1989)。

共感することに加えて、本来悲観的な人であるのか、楽観的な人であるのかということも自己肯定の技術をいかに身につけられるかということに大きく関係します。難解な理科のテストを学習した2人の子どもの例について考えてみましょう。子ども1はDの評価を受けており、子ども2はCの評価を受けていました。子ども1はこの評価を現在の学習で得た知識として捉え、この評価に対する反応も希望にあふれており、積極的で前向きなものでした。その子どもは、計画を立てたり、アドバイスを受けたり、そして新しい勉強法を見つけることで、次のテストでよりよい結果を残すことを選択します。子ども2の場合は、Cという結果に対し、落ち込んで憂鬱になっていました。この子どもは、現在の状況を改善してくれるものは全く何もないと思っていました。そして、教師が明らかに不十分なテストを与えた、もしくは"失敗したのは、運が悪かったのだ"と思っていたのです。
　上記の例はいかに楽観主義者なのかということが、子どもの学業上の成功を導く鍵となるかということを示しています。子どもたちが学業上の課題に関して認識し、それに対して努力しようとする自己を肯定できた結果、成功へ導く方法を選択することができるのです。
　ダニエル・ゴールマン（1997）は、私たちが楽観的か悲観的であるかに関しては、おそらく生得的な気質であるだろう、しかし悲観的な考え方も、楽観的な考え方も体得することができると述べています。子どもたちが何らかの挑戦をし、成功を経験することが、より強い自己肯定へとつながっていくのです。こういった子どもたちは、危険をおかしてでも新しい挑戦を探し求め、そして人生においてより前向きな考え方を身につけていくでしょう。教師として私たちは、自己認識の機会を彼らに与える活動を通して、計画的に自己肯定を促すことができるのです。そして次にしなければいけないことは、私たちは自己肯定するための技術を子どもたちにいかに実践的に身につけさせるかということです。以下の段階に従い、必要に応じて、子どもたちの自己肯定を促す方法についてのチャートを使うとよいでしょう。

自己肯定へのステップ

指示：子どもたちに表の左の列のステップを通して、葛藤を解決し、自己肯定を気づかせなさい。（3年生から8年生に適切）

心地悪く感じる、また、あなたを混乱させる身体的、社会的なできごとについて述べなさい。	例：ジャックは学校で毎日、私の物をとったり、髪をひっぱったり、つかんできたりして私を悩ませます。昨日、私が彼に注意を向けなかったので、彼は私の宿題を泥だまりになげたのです。それは我慢の限界を超えるものでした。
このできごとを考察し、以下の項目のリストを作りなさい。 ・あなたの頭に浮かんだ考え ・あなたが心の中に見えたイメージ ・そのできごとが起きているときのあなたの心の声	例：私はどうしたら彼を追い返せるかについて考えていました。私は彼を押し、または強く殴って泥の中に突き落としたかった。そうすれば恥ずかしがる様子を見ることができるからです。私は心を落ち着かせようとしたけれど、うまくできませんでした。
このできごとと あなたのとった反応または応答をふりかえって、それを正しかったと思いますか。	例：私は強く怒りを感じていたので、彼に向かってわめき、ののしりました。私はみんなの前で叫んだことをよかったとは思いません。
将来、再びこのようなことが起こったとき、あなたがとりたい応答や態度を書きなさい。	例：私はいつも被害者でいたくないので、ジャックにはっきりと意思を伝える必要があります。次に彼が私を悩ませたときには、私がずっと我慢し続けてきたことを理解してくれるはずです。

自己肯定へのステップ

指示：子どもたちに表の左の列のステップを通して、葛藤を解決し、自己肯定を気づかせなさい。（3年生から8年生に適切）

心地悪く感じる、また、あなたを混乱させる身体的、社会的なできごとについて述べなさい。	
このできごとを考察し、以下の項目のリストを作りなさい。 ・あなたの頭に浮かんだ考え ・あなたが心の中に見えたイメージ ・そのできごとが起きているときのあなたの心の声	
このできごととあなたのとった反応または応答をふりかえって、それを正しかったと思いますか。	
将来、再びこのようなことが起こったとき、あなたがとりたい応答や態度を書きなさい。	

「こころの知性」の発達は、自己認識から始まり、自己肯定の段階へと続きます。自己認識が達成されていない場合には、自己肯定を育てることは非常に困難です。なぜなら、この二つの重要なつながりが失われてしまうからです。以下の物語は、自己肯定と自己認識とをいかにつなげるかということへの試みについて述べています。

リンゼイにとっての自己肯定

"私は生まれつき変だったのです"。リンゼイはよくこう言います。そしていくつかの点で、彼女は正しいのです。リンゼイは確かに典型的な6年生の少女の型には当てはまりませんでした。リンゼイには相談できる親友がおらず、そして、彼女は自分の外見や社会的な能力について認識することを全く学習してこなかったのです。彼女は体が大きく、髪がふさふさしており、不器用だったので、イングランドシープドッグを思い出させます。

リンゼイはまだ、課題ができなくて泣き叫んでいた1年生のときのことを覚えています。彼女の先生は彼女を無視し、隣に座っていた男の子たちは、彼女を"泣き虫の赤ちゃん"と呼びました。それ以来、彼女は二度と泣かないようにしていたのです。

3年生になって、リンゼイが母親に新学期のための新しい服をねだったとき、彼女の母親はそんなわがままに出すお金などないと彼女に言い、そして父親は彼女に、かわいくないのだから、洋服を心配する必要はないと言いました。

リンゼイには親しく関われるきょうだいがいません。そして彼女の両親は"子どもは見張られているべきで、意見を聞かれるべきではない"。という古いことわざを信じていました。リンゼイの場合に限っては、両親は彼女のことを見ることさえも拒んでいました。彼女は"大人同士で話すから"とよく自分の寝室へ追い払われていました。彼女はノートにスケッチをしたり、ラジオにあわせて歌を歌ったり、もしくはティーン用の雑誌を読んだりして独りで楽しんでいました。リンゼイの両親は仕事で大変忙しく、

学校の行事や懇談に行くための休みをとることはできませんでした。

彼女は今年、6 年生の聖歌隊にはいり、学校では毎週、冬の発表大会に向けて練習をしていました。その上演の日、指揮者であるジェンセン先生は、子どもたちと長い話をしました。そして先生はみんなに白いシャツに青いズボンまたはスカートを着るように指示をし、音楽堂へのふさわしい入り方や、ステージでの立ち方を子どもたちに覚えさせました。そして発表会が 7 時に始まるので、その 30 分前には整列し、準備してほしいと言いました。リンゼイはその日どのくらい興奮したかを覚えています。彼女は歌うことが好きで、音楽堂で大勢のグループと一緒に立ったときも、みんなに聴こえるように大きな声で歌いました。

リンゼイの父親と母親はとても忙しく、発表会に行くことができませんでした。ジェンセン先生は自分がリンゼイを連れて行くと言いました。リンゼイは白いシャツと青いスカートを見つけられなかったのですが、とてもうまくやり遂げたと感じていました。彼女は父親の T シャツをはおり、そして 2 年前に合わなくなった古い青いドレスを着ていました。そのドレスは短すぎて、そしてとても窮屈でした。しかし、リンゼイは気にしませんでした。彼女はその夜、声の限り歌おうと思っていたのです。

リンゼイがジェンセン先生と車から降りたとき、普段からよく耳にするクスクス笑いや嘲笑が聞こえ始めました。"どうしてあんな服を着てきたと思う？" "わかったわ。あなたのお父さんは来てくれないから、お父さんのシャツを着てきたのでしょ？" と同級生の 1 人が叫びました。

リンゼイは普段から耐えてきた嘲笑に対して、いつもと同じように反応しました。彼女はくるりと向きを変えて、怒っている彼女の目の前にいる人たちすべてを激しく蹴り、たたき始めました。彼女はいつもそうしており、それは彼女の第 2 の性質となっていました。不運なことに、この場面に居合わせたずるがしこい男の子が、リンゼイの手をよけることができませんでした。彼は強打を受けてドスンと倒れましたが、すぐに立ち上がりました。彼は恥ずかしい思いをして、頭にきていました。そして、その恥

ずかしさを隠そうとしてリンゼイに飛びかかったのです。

　ジェンセン先生は子どもたちを止めようと叫びました。しかし、実のところ、2人の子どもたちは先生と同じくらいの体格でしたので、彼女はけんかの仲裁にはいることができませんでした。体の大きな親が2人の子どもを引き離すまで、リンゼイは暴れていました。彼女の髪は汗がしたたり、泥まみれでした。リンゼイの父親のシャツは汚れ、引き裂かれていました。そして叫んだために声がかれてしまっていました。そのときの彼女にはもう、喜びにあふれた冬の歌を歌うような気持ちはありませんでした。

　ジェンセン先生はリンゼイを注意深く観察しました。どのようなできごとが、日常的にからかわれ、そしてそれに対して爆発的な怒りでしか対応できない状況をもたらしたのでしょう？　なぜリンゼイが自分自身の価値を信じるように援助する人間が一人もいなかったのでしょうか？　彼女はリンゼイの泥まみれの肩に手をおき、静かに言いました。"こっちへおいで。浴室に行って、体をきれいにしましょう"。

　リンゼイの物語は、教育に関わる我々が頻繁に目にするできごとといえます。この子どもは、全く自己を認識することを学んでこなかったのです。なぜなら、彼女は普通の社会環境から隔離されていたからです。彼女にはお互いに影響を与えあうきょうだいがいなかったし、彼女の両親は基本的に彼女のことで悩まされたくなかったのです。外見的にも社会的にも自己を認識していないために、彼女はその場にふさわしいふるまい方を知らないのです。彼女は「こころの知性」の発達の第1段階でつまずいたので、ほとんど自己肯定する機会を得ることがなかったのです。リンゼイは自己認識や自己肯定について理解するために以下のような特性を発達させる必要があります。

1. 身体面、学業面、社会面の自己を意識して認識するようになること。
2. 自分の信念、価値観、そして考えを認識し、受けいれるようにな

ること。
3. 他者の非言語的なメッセージと同様に自分自身の非言語的なメッセージをよく認識するようになること。
4. 自己肯定できるような成功を何度か実現すること。
5. 欠点、強さ、弱さのすべてをもった自分自身を愛することを肯定すること。
6. 悪い状況を前向きな経験へ意識して変えようとすること。
7. 適切な行動や反応を練習すること。
8. 他者の共感や理解を得ること。

以下のページでは、子どもたちが他者と自己を肯定することを身につける手助けとなる活動を提案しています。

自己肯定活動　1
静かなボール

レベル：幼稚園児から8年生まで
教　科：国語、社会科、理科
指　示：どの年齢の子どもたちも静かなボールゲームが好きです。これは準備的活動や安心できる場としても日々利用でき、ルールは簡単です。子どもたちは床の上に円になって座り、関連のある話題を提示します（できれば、教室内のできごとや最近学習したことを取り上げることが望ましい）。子どもたちは静かなボールを投げられたとき、その話題について個人的な感情をクラスの前で述べることが求められます。意見を述べたくないならば、パスをしてもよいこととします。そのボールを持つ子どもだけが話すことができ、他の子どもは誰も、その子どもの意見を批判してはいけません。静かなボールゲームが終わったら、次のゲームが始まるまで、今回のゲームに関する会話をしてはいけません。

例)

教師：あなたが個人的に楽しいと思う教科はどれか、そしてなぜそう感じるのかを教えてください。

子どもたちの答え：私は算数が好きです。なぜなら、毎晩宿題をし、自分がわからなかった箇所を理解できるようになったからです。

自己肯定活動　2
モーニングコネクション

　毎朝学校に着いたとき、子どもたちは教室の床に円になって座るように言われます。学校の一日は、自己肯定を強化するための方法を子どもたちに教えるモーニングコネクションで始まるのです。教師は関連のある文や句の一部を言い、それから子どもたちにその文章を完成させる方法の例を示します。そして子どもたちはそれにならい、各自が自分で文を完成させていきます。不完全な文が円をまわる間に、自己肯定を強化する方法が一日の初めに定着していくのです。この方法において、教師はトラブルのあるような子どもに注目してもかまいません。子どもたちは仲間の意見や価値観が非常に多様であるのがわかると、自分のもつ感情に安堵感をおぼえ、自己肯定するようになるでしょう。他人と感情を共有することを拒みがちな年長の子どもたちに対しては、音楽やコンサート、またはスポーツのような彼らにとって話しやすい話題で始める必要が出てくるかもしれません。幼稚園から4年生と5年生から8年生の子どもたちのためのモーニングコネクションの例が次に記してあります。

自己肯定活動　2
モーニングコネクション

レベル：幼稚園児から4年生まで
教　科：国語、社会科、理科

＊有名であること／お金持ちであること

　私は（　　　　　　　　）よりも（　　　　　　　　）の方がよい。そして、その方が気持ちがよい。なぜなら、（　　　　　　　　）だからです。

＊美しいこと／聡明であること

　（　　　　　　　　）より（　　　　　　　　）になる方が重要です。なぜなら、（　　　　　　　　）だからです。

＊創造力に富むこと／論理的であること

　私は（　　　　　　　　）よりも（　　　　　　　　）の方がよい。なぜなら、（　　　　　　　　）だからです。

＊国語が得意／算数が得意

　私は（　　　　　　　　）よりも（　　　　　　　　）の方がよい。私はこの方法の方が、（　　　　　　　　）なのです。

＊多くのお金／多くの友だち

　（　　　　　　　　）をもつことは（　　　　　　　　）をもつよりも重要です。なぜなら、（　　　　　　　　）だからです。

自己肯定活動　2
モーニングコネクション

レベル：5年生から8年生まで
教　科：国語、社会科、理科

・私が怒りを感じたときに使う、健康的な対処法は、（　　　　　　　　）です。
・人生の目標について真剣に考えると、私は（　　　　　　　）と感じるでしょう。
・私が集中し、エネルギーを注ぐことは、（　　　　　　　）です。
・もし、今何かに共感を示すとしたら、私は（　　　　　　　）です。
・人生において本当に信頼できる場所は、（　　　　　　　）です。
・（　　　　　　　）によって、私はより仲の良い友だちになることができました。
・傷ついた感情を処理する健康的な方法は、（　　　　　　　）です。
・最も苦手な教科について考えるとき、私は（　　　　　　　）によって向上すると思います。
・私にとってリラックスするための健康的な方法は、（　　　　　　　）です。
・暴力を避けるためにとる行動は、（　　　　　　　）です。
・私が特に誇りに思っている学習領域は、（　　　　　　　）です。
・もし、今何か新しいことを学ぶ時間があれば、私は（　　　　　　　）を選びます。
・誰かの目やボディランゲージを見れば、私は（　　　　　　　）がわかるでしょう。
・もし私の親友が、私が傷ついたことに気がつかなかったら、私は（　　　　　　　）でしょう。
・私が最も恐れていることについて考えると、私は心の中で（　　　　　　　）と感じます。

自己肯定活動　3
もし私が……なら

レベル：幼稚園児から4年生まで
教　科：国語、社会科、理科
指　示：現在の国語、社会科、理科の項目から、子どもたちは有名な人物を選び、彼らが経験した状況について学びます。そのとき、選択した有名な人物の立場に立ち、適切な行動をとります。次に、この行動に賛成する理由を説明します。以下は幼稚園児から4年生、そして5年生から8年生のための例です。

幼稚園児から4年生までのモデル

人物	起こったこと	あなたならどうするか？	なぜ？
ゴルディロックス（英国の昔話「三匹の熊」に登場する女の子）	ポリッジ（穀類を水か牛乳で煮たもの）を全部食べてしまったこと、そして赤ちゃん熊の椅子を壊したこと。	その熊に、ポリッジと椅子を買うためのお金を持って戻ってくるということをメモに書いておく。	これは、正直であるし、熊も私を怒らないだろうから。

5年生から8年生までのモデル

人物	状況	提案された行動	正当化された理由
植民地印紙税局職員	彼は集団で彼の店にやってくる、怒っている植民地開拓者たちを見る。	店の鍵を閉めて、裏口から逃げる。	その植民地開拓者たちは怒りすぎて制御できない状況であったし、彼らのほとんどが、わけを聞く耳をもっていなかったから。

自己肯定活動　4
将来のための自己肯定

レベル：幼稚園児から4年生まで

教　科：国語、社会科

指　示：子どもたちが上手にできること、彼らの好きなことについて、子どもたちが思いつくままにブレインストーミング（可能な限りのすべての考えを出）させます。その中には、運動面、友情面、学業面における才能に関する事柄が挙がってくるでしょう。次に、子どもたちは彼らができることや好きなことを絵に描く。

ブレインストーミングのリスト	できることを描いたもの	したいことを描いたもの
私ができること 　歯を磨く 　自転車に乗る 　お母さんを手伝う 　たくさんの本を読む 私がしたいこと 　ハイキング／旅行 　算数の代わりに体育 　バスケットボール		

自己肯定活動　4
将来への自己肯定

対象年齢：5年生から8年生まで
教　科：国語、社会科
指　示：あなたがもっている能力について書いてある欄にチェックをいれましょう。

きちんと本を読めるスキル	音楽に詳しいこと
細かいところまで系統立ててうまくやれること	機械に詳しいこと
運動の能力	言葉でのコミュニケーション・スキル
創造的に文章を書くことができるスキル	動物とうまく関わることができること
ガーデニング／植物の知識	外国語を話すことができること
友だちとうまくやれること	数学に強いこと
工学／コンピュータのスキル	体力があること
スポーツをうまくする能力	記憶力があること

将来つきたい仕事の条件が書いてある欄にチェックをいれましょう。

1人で働く仕事	チームで働く仕事
自然と関わる仕事	先端技術に関わる仕事
屋内の仕事	屋外で働く仕事
自らに決定権がある仕事	自らに決定権がない仕事
人に関わる仕事	動物に関わる仕事
大きな設備での仕事	情報の仕事
非常に挑戦的な仕事	気軽でいられる仕事
制服で働く仕事	カジュアルな服で働く仕事
活動的で騒がしい雰囲気での仕事	静かで穏やかな雰囲気での仕事
きちんと座ってする仕事	体を動かす仕事

ここにあなたがもっているその他の能力や好みを書きましょう。

_____
_____
_____
_____

自己肯定活動 4
将来への自己肯定

レベル：幼稚園児から8年生まで
教　科：国語、社会科
指　示：子どもたちには、自分自身について発見したことを内省する機会を与える必要があります。また、彼らの能力や好みが自己肯定を促進するのに妥当である理由を説明し励ましてやります。

　幼稚園児から2年生の子どもは口頭で発見を説明したり、発表をしあってもかまいません。

内省のページ
あなたの能力や好みについて発見したことを書きなさい（もしくは口頭でいいなさい）。

_____
_____
_____
_____
_____
_____
_____
_____
_____
_____
_____
_____
_____

自己肯定活動　4
将来への自己肯定

レベル：幼稚園児から4年生まで
教　科：国語、社会科
指　示：子どもたちはさまざまな将来の生き方を学びます。そしてそれが自己肯定を高めてくれるのです。写真を使用したり、ゲストを招いたり、クラスでの討論をしたりして職業のリストを作ります。そしてこれらの職業を人、もの、情報に関する仕事に分類します。

将来の生き方

人に関わる仕事	警察官・教師・看護師・消防士・心理学者・ソーシャルワーカー・心理カウンセラー・医師・ケースワーカー・セールスマン
物と関わる仕事	フォークリフトの運転手・建築家・自動車の整備士・電気技師・庭師・農場経営者・コンピュータの技術者・テレビの修理をする人
情報を用いる仕事	会計士・会社の所有者・行政書士・電話のオペレーター・プログラマー・データ入力をする人

自己肯定活動　4
将来への自己肯定

レベル：5年生から8年生まで
教　科：国語、社会科
指　示：子どもたちはいろいろな将来の生き方について学びます。そしてそれが、自己肯定を高めてくれるのです。以下の職業で必要とされるスキルと感情面の特性についてブレインストーミングさせます。

職業の分野	具体的な職業
アート／コミュニケーション／人文科学	俳優・グラフィックデザイナー・新聞／報道・ラジオ／テレビのアナウンサー・記者・ミュージシャン・スポーツのアナウンサー
商業	会計士・金融事務員・統計関係者・販売員・秘書・会計の事務員・事務所の管理者・会社の所有者
工学技術／産業	建築家・CAD設計士・大工・都市エンジニア・工学の技術者・電気技師・プログラマー
健康に関するもの	歯医者・救急医療の技師・看護師・医療研究室の助手・外科医・歯科衛生士・レントゲン技師
自然資源	生物科学者・庭師・環境分析官・森林監督官・地質学者・絶滅の危機にさらされた種の検査官・森林道路技術者
社会／人間に対するサービス	ケースワーカー・消防士・レストランの支配人・教師・カウンセラー・弁護補佐官・心理学者・軍隊の指導官・ソーシャルワーカー

自己肯定活動　4
将来への自己肯定

レベル：2 年生から 8 年生まで
教　科：国語、社会科
指　示：子どもたちはさまざまな将来の生き方を紹介された後、彼らは自分自身の能力や好みと、さまざまな職業に必要なスキルとを比較し始める必要があります。これらの比較によって、子どもたちは各自のスキルにあった多くの職業の選択肢を見ることができ、自らのスキルを肯定することができます。この活動の中でさまざまな職業にあわせて能力を磨く練習を、集団の中でさせていきます。そうすることで彼らはお互いの能力や好みを学ぶことができ、そして、それぞれがふさわしい職業を決定することができるのです。

●チャーリーは社交的で友好的な人物である。彼はスポーツは得意ではないし、そして数学はいつも最も成績が悪い教科である。彼は読んだりするのが好きで、恥ずかしがらずに人前で話をすることができる。
　　　チャーリーの職業は、（　　　　　　　　　　　　　　）。
　　　なぜなら、（　　　　　　　　　　　　）。

●ジョンは人といることを楽しめない。彼は数学やコンピュータの仕事を楽しんでいる。彼は活発ではなく、外で活動するのが嫌いである。
　　　ジョンの職業は、（　　　　　　　　　　　　　）。
　　　なぜなら、（　　　　　　　　　　　　）。

●リンダは良い人間で、楽しいことや冒険が好きで、外で活動するのが好きである。彼女は理科が得意だが、数学は得意ではない。
　　　リンダの職業は、（　　　　　　　　　　　　　）。
　　　なぜなら、（　　　　　　　　　　　　）。

自己肯定活動　4
将来への自己肯定

レベル：2年生から8年生まで
教　科：国語、社会科
指　示：これまで、スキルと好みに基づき想像上の人物についての職業を選ぶ練習をしてきたので、次は自分の職業を子どもたち自身に選ばせます。彼らは、スキルと好みをまとめたリストと、内省のページのような前述の情報を使い、それぞれの子どもが自分自身の特徴について書きあげます。そして最終的に、彼らは自分にふさわしい職業のタイプを決めるために将来の職業選択のリストを見ます。以下は職業選択も含めた自己描写の例です。

自己の特性の描写

　私はすべての屋外でのスポーツが好きです。私はまた、とても大胆で、週末にはバイクのレーサーで泥だらけになっています。数学と理科が得意で、機械的なものに興味があります。私はバイクを修理するためのいろいろな道具を使うのが楽しいです。そして、必要なものが見つからないときは、自分で部品を作ることもあります。

職業選択

　私は機械のエンジニアになろうと考えています。なぜなら、この仕事は多くの数学や理科の知識と関係しているからです。そして、機械的をさわることが楽しいし、ものを作り出すのが好きなので、これは私にとってふさわしい仕事になると思います。機械のエンジニアとして、私は外で働くこともできるのでこの職業を選びました。

このような授業の中での自己肯定を促す活動を通して、子どもたちは彼ら自身の活動・信念・感情と関連するカリキュラムの内容を理解する機会をもつことができるのです。人間が自らの思考や感情やそれに伴う行動を理解するだけでなく、こうした感情と行動に慣れることや自己認識によって自己肯定はさらに強まるのです。自分があるがままの自分でいること、好きだと思うものを好きだと感じ、感ずるままの感情を感じることを十分に認識することによって、私たちは受け入れられない振る舞いや考えを緩和する機会をもつのです。私たちが私たち自身や欠点、そしてすべてのことを肯定できるようになったとき、私たちはまた他者の感情や信念を受け入れられるようになるのです。

6. 自己責任の習得

　自己鍛錬、自制、そして自己責任の技術を身につけるためには、本人が動機づけられ、自主性があることが必要です。個人が真にそれらの特性を習得する前に、まず自己をよく知り、そして自分の私生活に関して自己肯定ができていなければなりません（図6.1）。

　自己責任とは自己中心的な考え（ミー・ファースト症候群）をやめ、瞬間的な満足を求める衝動をコントロールすることを意味します。ジョージワシントン大学の社会理論学者である Amitai Etzioni が主張するところによると、学校は「知識や理解を深めるために、そして我々の立憲民主主義社会において有能で責任ある市民に不可欠である、知的かつ参加型の技術を向上させるために」市民教育を行うべきなのです（Etzioni, Berkowitz, & Wilcox, 1995, p.6）。

　子どもたちの間に、自己責任はどのように現れるでしょうか。それは毎朝始業のベルが鳴る前から見られます。子どもたちは学校に行く前の活動に責任があります。例えば、時間どおりに起床し、身支度をすませ、時間どおりに学校へ行き、そしてその日に必要なものを準備する、というようなことです。子どもたちは教師や他の人に頼って自分たちのために考えて

```
■自分と他者についての認識
■自分と他者の肯定
■自己責任の習得
■個人的意義の発見
■誠実さと道徳観の尊重
```

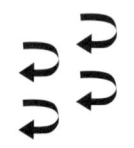

図6.1　「こころの知性」の構成要素

もらうというより、自分で考えているでしょう。学校にいる間、子どもたちは必要なときは積極的に助けを求めますが、同時にかなりの部分、自分自身を頼りにして自分たちの問題を考えるでしょう。自己責任のある子どもたちは予定表を活用して、けじめをつけて計画的に行動し、そして課題の締切日を書き留めるでしょう。彼らは問題解決者で、自信をもって争いに対処する方法を知っています。彼らは言い訳をしたり、クラスのルールや課題をめぐって教師との権力争いに足を踏み入れたりはしません。彼らは自分たちの行動に対する責任を受け入れ、もし自分たちが間違っていたと感じた場合に、どうしたら主体的に、かつ適切に自分たちの立場を守れるのか知っています。自己責任を身につけた子どもたちは自分の行動、態度、結果、そして未来の運命までも管理できるでしょう。彼らは自分たちの行動の自然かつ論理的な結果を理解した後で、実際に行動を起こすでしょう。この理解を示す自己責任のある子どもたちの思考過程は以下のようなものになります。

　　　もし宿題を締切までに提出しなかったら、僕は25点も失ってしまう。僕にはとてもじゃないけどそんな点数を失う余裕はない。だってこの前のテストであまり良くできなかったから。僕はちゃんと今夜中にあの宿題を終わらせてしまった方がいいだろう。

　自己責任の習得によって「こころの知性」はいくつかの点で向上します。まず第一に「全体図」を見て自分の行動の論理的な結果を認識するためには、人は情報を内面化して、今までに得られた情報に基づいて判断を下さなければなりません。ここでメタ認知的思考過程が形成され、それは各人が自分の考えや行動への理解を獲得するきっかけとなります。
　第二に、子どもたちは自己責任の技術を身につけていくにつれ、クラスメイトの中には賢明な判断ができず、行動する前に自分の行動に伴う当然の結果に対して深慮や理解が欠けている子がいることに気づき始めます。自己責任があり、「こころの知性」の高い子どもたちは、仲間の子どもたち

の自己責任の欠如に共感できるので、指導役を務めることができるでしょう。

　自己責任を身につけることによって校内暴力を減少させることも可能です。子どもたちはより責任のある学習者になるための技術を身につけていくにつれて、さまざまな状況や衝突に対する適切な対応方法をも学んでいくのです。これには怒りの感情をコントロールする方法、争いごとの解決法、情緒的安定のための方法も含まれます。さらにここでも、自己責任の技術を身につける訓練を受け、それをマスターした後は、その子どもたちは他のクラスメイトでまだ不適切または攻撃的な手段で問題を解決しようと取り組み続けている子たちの指導役となることができるでしょう。

　子どもたちの自己責任の習得を促進させるために、教室では民主主義的あるいは子どもたち中心のアプローチがとられます。といってもこれは子どもたちが主導権を握り、「仕切る」わけではありません。子どもたち中心の教室というのは子どもたちに選択肢が与えられ、明確な限度内において、子どもたちに決断する自由が与えられることを意味します。このアプローチは対立的ではなく、むしろ協力的です。これにより多くの勢力争いが軽減されます。というのも子どもたちは判断、選択を行うと同時に、責任についても学んでいるからです。**表6.1** はこの進め方の例です。

表6.1　民主主義を通した単元構成

単元計画	教師の判断	子どもたちの判断	両方
授業で有名な発明家についての単元にとりかかる。	X		
子どもたちがさまざまな発明家について調べ、取り上げる発明家を1人選ぶ。		X	
資料が集められ、子どもたちはその発明と発明家の重要性に関してメモを取り始める。			X
スケジュールを立て、それぞれの調べ物について期限を決める。			X
内容、技巧、視覚的資料などについて、期待されるレベルのリストが子どもたちに与えられる。	X		
パフォーマンスに基づいた評価が行われる。発表形式は例えば寸劇、ナレーション、子どもたちが書いた対話劇、あるいは発明の複製など。		X	

このチャートは新しい単元が導入されるときに使えるでしょう。教師と子どもたちがある単元の主要な要素またはステップを表に書き出したうえで、課題に関する責任と決断事項に関して民主主義的な判断が行われるのがよいでしょう。

民主主義的環境の導入
　子どもたちはさまざまな家庭や家族の生活スタイル、背景を背負って来ているので、教室は子どもたちの多くが安心感を求めてやってくる、安全で一貫性のある避難所となっています。アメリカ合衆国内のすべての子どもは教育を受ける必要があるため、学校は安全な場所を提供して、学校に来なければ学ぶことがないかもしれない基本的生活習慣や問題解決技術を教えなければなりません。こういうわけで、教育者にとって子どもたちに情緒的に安全な環境を一刻も早く与える必要が生じるのです。
　教室内に情緒的安全を取り込むためには民主主義的環境のための体制が必要です。子どもたちは、提案と双方向的なやり取りがあるとき、情緒的な強さを得るだけでなく、学業面にも能力を向上させることができるのです。脳研究者である Renate と Geaffrey Caine によると、有意義な学習ができる脳の最適な状態には次の二つの特徴があります。
　1. リラックスした神経系と知的レベル、情緒的レベル、身体的レベルにおいての安心感、安全感があること。
　2. 子どもたちの自律的動機づけ——これは知識を表層レベルよりも深く広げるために重要である。

(Caine & Caine 1994, pp.83-84)

　この2人の研究者たちは、ある現象をリラックスした覚醒状態と名づけ、説明しています。それは低レベルの脅威と高レベルの挑戦が混在している状態です。このような教室環境であれば、教師だけではなく子どもたちも、十分安心して学習手段を模索し、情報を求めて調査し、考えや意見を述べ、そして学習成果について工夫をこらした革新的な方法で発表することがで

きます。それどころか、このような教室環境であるために、教師と子どもたちのハイレベルな目標、挑戦的なカリキュラム、そして積極的な学習が必要となるのです。

　年度が始まるとき、多くの教師は教室のルールや運営方法を書いた紙を配布し、子どもたちにもしそれらのルールが守られなかったときの結果について忠告します。確かに明確に期待を定めることは教室環境を作り出すうえでは重要な要素ではありますが、あなたが決めたルールを配るだけでは、それらのルールはただそのまま、つまり**あなたの**ルールになるだけです。民主主義的な教室では、子どもたちは習慣や運営方法、ルールに関しての提案（支配ではなく）を受けます。教師と子どもたちは一緒になって推薦されたそのルールが自分たちにとって「受け入れ」可能なルールであるか判断します。明らかに、もし子どもたちが毎日2時間の休み時間を求める決断をしたら、それは実現不可能であり、教師にとって「受け入れ」可能なものではありません。しかしチャンスを与えられることにより、子どもたちはしばしば合理的で公正な、よくまとまった指針を提案します。子どもたちが教室の方針について意見を出し合っているときに、情緒的安定に関する問題、例えば「恐れなし計画」などをも含むよう促してみましょう。「恐れなし計画」では、子どもたちは教室内で安全を感じ、恐怖をなくすためには仲間に何を求めるかということを決めるのです。

　民主主義的な教室では物理的な環境も同様に選択肢を提供します。教室内には自由に選べるさまざまなセンターがあることでしょう。それらは幅広い分野の興味深い資料が並んだ図書コーナーであったり、あるいはもしかしたら私的な時間が必要な子どもたちのためのリスニングコーナーであったりするかもしれません。子どもたちの作品は展示され、何の脅威もない創作コーナーは子どもたちの自由時間にはいつでも利用可能です。

　教室環境が設定された後、運営方法は掲示され、毎日実行されなければなりません。子どもたちにはそのねらいと習慣を把握しているという安心感が必要です。合意した手続きを繰り返し、安全で、しかしながらやりが

いのある環境で学習することにより、子どもたちは自分たちが学習の過程に対して非常に重要な関わりをもっていることに気づき始めます。そして、それが自己責任への最初の一歩であるのです。

適切な選択のための情報の内面化
　学業面にも情緒面にも非常に有効な指導方法は「思考についての思考」、あるいはメタ認知です。この方法は授業の始め、中ごろ、終わりのいつでも導入できるでしょう。例えば理科の教師が子どもたちに自然界の物質を入れた袋を渡すとしましょう。その袋の中には葉っぱや石、花、小枝、骨などが入っています。教師は子どもたちにそれらのものを分類する方法を決定するように求めます。子どもたちが分類作業を終えかけているときに、教師はいったん作業を中断させ、「あなたたちのグループはどのように分類方法を決定しましたか？　次回は、今回とどのように違う方法をとりますか？」と問いかけます。
　自分たちの思考過程を直接考えることにより、子どもたちはよりよく情報を自分のものにし、新しい知識を長期記憶に移すことができるようになるでしょう。自分たちが下した決定について考え、それらが理にかなっているかを判断するように求められるとき、彼らはまた責任感についても学んでいるのです。十分なメタ認知的思考を要求されるとき、彼らはより深く学び始めるのです。なぜなら彼らは自分たちの弱点を強化、あるいは考慮しながら、個人的な長所を自覚し、それを十分発揮するからです（Caine & Caine, 1994）。
　オープンな内省的思考はメタ認知的過程の自然な次のステップとなるでしょう。最善な学習経験とするために、この教師は子どもたちにその授業についてのレポートを書くことを求めるでしょう。教師は題目、目的、遂行された手順、そして結果を書かせます。さらに大事なことは、教師は授業を通しての彼らの思考過程をも書くことを要求するのです。それらのレポートには子どもそれぞれの有意義な学習経験の妨げとなるような個人的

な欲求不満やつまずきさえ含まれていてもかまいません。

　情報を内面化し、内省的に考えることを促されるにつれ、子どもたちは自分たちの学習や学業面での発達に責任を持ち始めるようになります。加えて、情緒面の成長と成熟への道をも模索することになるのです。

当然の結果の理解
　当然の結果とはあるできごとや状況の後に自然に起こるできごとのことです。当然の結果は教師ではなくむしろ子どもたちに責任があります。なぜなら子どもたちは自分たちの行動に基づいた結果を受け取ることになるのですから。次に例を挙げます。

　　ティミー：アンダーウッド先生。先生はきっと僕に腹を立ててしまうと思うのですが。
　──ティミーのこの親しみやすい性格と輝く青い目、明るい笑顔を前にして、彼に対して苛立ちを感じるなんてなかなかできやしない。
　　アンダーウッド先生：ああ、私は君に腹を立てるなんて思わないよ、ティミー。いったいどうしたんだね？
　　ティミー：あのう、僕、アメリカの先住民について調べた情報を、昨日の夜、台所のテーブルの上にちょっと置き忘れてしまったんです。
　　アンダーウッド先生：なるほど、ティミー。つまり君は宿題を忘れてきてしまったわけだ。
　　ティミー：そうなんです。でもあれは今日が締切でした。そしてあれはグループ課題なので、僕のグループは僕にかかっているんです。先生、怒らないのですか？
　　アンダーウッド先生：もちろん怒ったりしないさ。どうして私が君に怒ったりするものか、ティミー。
　　ティミー：ああ、よかった！だったら、明日その宿題を持ってきたらいいですよね？
　　アンダーウッド先生：そうだな。君のグループは君が君の分の調べ物を持ってくるまで先には進めないわけだから、明日それを持ってきても仕方ないだろうね。私たちが社会科を勉強するのはお昼の後だなんて、なんてラッキーなんだ、君は！
　　ティミー：ということは、お昼休みの間に僕は家で調べた情報をもう一度

調べないといけないのですか？
アンダーウッド先生：そうだな、ティミー。君が自分がすべきことを決めるんだよ。私が君に言えることは、君のグループはその情報を今日必要としている、ということだけだよ。

当然の結果に関する教師の役割は、ほとんど関与しないことです。実際、多くの教師たちは、「だから先生はそう言っただろう」というような監督者側に立つよりも、一歩引いた姿勢を維持するために、自分自身と闘わなくてはなりません。もし教師が子どもたちを教室の運営方針や目標の制定に参加させていて、万が一、彼らがその方針を守らないことを選んだ場合、ある行動がどのような当然の結果を生むのかは子どもたちにとって明らかなはずです。当然の結果が起こっても子どもたちが危険にさらされない状況にあるならば、自己責任を養うためには教師が教師の関与を制限することが非常に重要です。アンダーウッド先生はティミーに対して声を荒げる必要はありませんでした。先生は終始とても落ち着いた調子で、ティミーの担当分の完全な情報が必要であることをはっきりと説明し、そして当然の結果が導かれるままに任せたのでした。表 6.2 には当然の結果を必要とするいくつかの他の状況を挙げています。

何度もつらい思いをして当然の結果を学んでいる子どもたちには、子ども同士による監督や指導が役に立つかもしれません。教師はすでに責任感のある子どもたち、あるいは彼ら自身社交技術を学ぶ必要がある子どもたちを指導役に選ぶとよいでしょう。例えば下記のように、子ども同士による指導や助言方法は表 6.2 に挙げた状況に対処するためにも使えるでしょう。

▶指導役の子どもたちは毎日お弁当を忘れてくる子どもたちのためにおかれるでしょう。指導役の子たちはその忘れやすい子どもたちに、最初の 1 週間は欠かさずに 1 日 1 回、次の週は断続的に思い出させるようにします。指導役の子どもたちはその子どもたちが確実にお弁当を持ってくることに対して責任を負うことはありませんが、忘

表6.2 状況と当然の結果

状　況	当然の結果
子どもたちが画材を誤用し、それらはすべて傷んでしまったか、もう使えなくなってしまった。	子どもたちが図画の授業に関して十分に不便を体験するまで新しい画材用具を与えない。
子どもたちが毎日お弁当を忘れ、親にお弁当を持ってきてもらうよう電話しなければならない。	前もってその子どもたちと親を交えて話し合いをする。次にその子がお弁当を忘れたら、お弁当なしという当然の結果を受けることに合意する。
子どもたちが頻繁に宿題を忘れる。	当然の結果として、赤点をとる、宿題が終わるまで休み時間なし、あるいはその子が追いつくまでその日は放課後居残り、などがあるだろう。
子どもたちが、教師が読めないほどずさんな課題を提出する。	教師はその子にその課題を返し、「ちゃんと読めるように書き直してきたら喜んで採点するよ」と告げる。
子どもたちが劇のための自分の小道具や衣装を忘れる。	「発表会は中止できない」ので、その子どもたちは劇の間、普段の服を着用するはめになるだろう。
子どもが自分たちの身だしなみや体臭に無頓着である。	他の子どもたちはその子の近くには座りたがらず、仲間からの圧力が作用し始めるだろう。
子どもたちが怠けて、口頭発表に向けての準備をしない。	教師は「この日は口頭発表をする日です。君たちは０点をとることを選んでもいいし、君たちがもっているどんな情報でも発表しようとがんばってみてもいい」と言う。
子どもたちが野球の試合中に怒り始める、あるいは乱暴になる。	それらの態度は、学校で決められたルールでは、容認できるものではないので、この子どもたちはまず怒りの対処法の指導を受けないかぎりは学校で野球をすることができない。

れっぽい子どもたちが新しい習慣を身につける際に暫定的なサポート役になるでしょう。

▶子どもたちがたとえ休み時間なしという当然の結果を経験しても、続けて宿題を忘れてしまう場合には、子ども同士の指導が役に立つかもしれません。指導役の子どもたちは忘れっぽい子どもたちに、最初の週は毎晩電話して宿題を提出することを思い出させます。次の週には電話の回数は時々になり、そして最終的にはその忘れっぽい子どもは毎日学校に宿題を持ってくるという新しい習慣を身につけていることでしょう。

▶子どもたちによる指導は、子どもたちがずさんな課題レポートを提出する場合にも効果があるでしょう。指導役の子どもたちは、指導が必要な子どもたちの隣に座ります。課題にとりかかる際に、指導役の子は他の子たちの役に立つような課題のまとめ方や整理方法を教えてあげます。ここでも、離乳方式がとられます。その間、指導役の子は段階を踏んで、指導されている子どもたちに自己責任を見せることを求めてゆくでしょう。

▶我々はみな受け持ちのクラスに身だしなみに関して注意を払わない子どもたちをもったことがあります。この状況は、子どもたちに指導役を引き受けてくれるように頼んで困らせるよりはむしろ、大人の介入によって解決する方がよいでしょう。つまり、一対一でその子どもと話をしたり、その子の親と話し合ったり、あるいはその子が少なからず信頼している別の大人を介入させるのです。この介入の要点は、身だしなみにおいての自己責任に関する実用的な指導をすることです。

▶学校での野球の試合中にかっとなってしまうような怒りっぽい、あるいは暴力的な子どもに関してはその振る舞いに結果で対処します。教師や野球監督は子どもたちと一緒にあらかじめそのスポーツに取り組んでいる間のふさわしい態度について明確な決まりを設定しておきます。明らかに、この子どもは態度に関して決められたルールを守らなかったわけなので、当然の結果は、怒りをコントロールするための指導を受けるまで、これからの試合への出場停止となります。

当然の結果は子どもたちに意義深い学習の機会を与えてくれます。教師や両親が子どもの行動の責任をとるのではなく、子ども自身がその状況を

管理するのです。ルールや運営方針などを最初に導入させたのは教師であったかもしれませんが、当然の結果はボールを子どもたちの陣地に返してくれるのです。

学校暴力に関しての自己責任

　暴力は教室の中まで入ってきました。今のところ我々の教室はまだ我々の若い世代にとって考えられる最も安全な環境の一つではありますが、心配の種はあります。安全で不安のない学校にするために、担任の教師は子どもたちの精神的、情緒的健康のための予防策をとらなくてはなりません。学校と地域全体が学校の安全を強化するために、介入策を作る責任を負わなくてはなりません。初期の危険信号と暴力的行為に手を出しかねない子どもたちにまで焦点はおかれなければなりません。そして最も重要なことですが、子どもたち自身が暴力防止プログラムの作成と実行に参加しなければなりません。学年の初めから、子どもたちは自分たちの行動に責任をとること、そして自分たちの行動に基づく当然で矛盾のない結果について教えられなければなりません。

　研究によると、成果を上げている学校は、すべての子どもたちが学業面で成功を収め、行儀よく振舞える一方で、同時に個性の違いは正当に評価されうる、という校風をもっていることがわかっています（Haynes, Comer, & Hamilton-Lee, 1988）。このメッセージは、一貫した決まりごとを設定した、適切な手段やプログラムとともに示されています。それらの決まりごとの中において、子どもたち自身が学校安全計画全体にとって欠くことのできない要素であることが、子どもたちに向けてはっきりと述べられています。子どもたちは自分たちの行動や振る舞い、態度に対して責任があり、そして暴力防止計画に参加しない人たちにとっての当然の結果がどのようなものであるか承知しているのです。

　子どもたちは暴力、憎悪、死、凶器に関して千差万別のものの見方や態度、意見をもって学校に来ます。子どもたちとこれらの事柄やその当然の

結果について率直に話し合うことによって、私たちは暴力の危険を削減できるかもしれません。教師たちは銃や銃の所持に伴う責任についての議論を組み込めるでしょう。記事や文献研究、科学または社会研究の資料を読んだ後で、それらの中のさまざまな人物像に見られる自己責任や自己責任の欠如について、クラスで討論や議論をするとよいでしょう。

最後に、非暴力的態度の強化をめざして自己責任を教え込むためには、担任の教師は子どもたちの生活の中における現在の身近な事件や学校内の対立、個人的な対立についての懸念を子どもたちと分かち合えるようにしなければなりません。

教室内で対立が起こったとき、非暴力的解決法を教えるためには、どんなに良い方法もクラス全体で次のような問題解決のためのステップを踏んで適切な対応を決める方法にはかないません。子どもたちは将来のためにこの問題解決のためのすべての基本的ステップを学び、そしてこれらのステップを踏む練習をする機会をもたなくてはなりません。その問題解決のための四つのステップとは以下の通りです。

1. 問題を提示する。
2. すべてのとり得る解決策についてアイデアを出す（ブレインストーム）。
3. 実行不可能な解決策を除外して、選択肢を絞り込む。
4. 最適な解決法を一つ、あるいは最適な解決法の組み合わせたものを選ぶ。

学業面に関しての自己責任

アメリカ合衆国の現行の学校体制においては、一部の子どもたちは未だに学業面の溝に陥ってしまう状態にあります。学校やそれぞれの教室内において子どもたちの数が大幅に増えてしまったため、彼らは学業面の指導からかつて得られたほどの利益を得ることができなくなっています。教師たちは**子どもたちのテストの成績を上げるために何かしなければいけない、**

それも早く、というプレッシャーを受けています。学業面での成功に関して子どもたちの自己責任の重要性に焦点を合わせる時間はほとんどありません。しかしながら、それがまさに教育者が探し求めている鍵であるかもしれないのですが。

　子どもたちが責任から逃れる方法を見つけたとき、例えば宿題の課題をやり遂げないことなど、彼らは簡単にこの行いを習慣化してしまうでしょう。要するに、課題を提出しないことに対して何のお咎めもない場合、どうして子どもたちが何時間かを苦労して課題に取り組むために費やそうとするだろうか、ということです。このパターンが確立されてしまったら、この行動は説明責任がシステムに導入されるまではなかなか変わらないでしょう（Mackenzie, 1996）。子どもたちの課題達成の様子を監視するための手続きが確立される必要があり、論理的な結果による応対が維持されなければなりません。手続きと論理的な結果が一貫していることによって、子どもたちの学業面での成功のための機会が増えるだけではなく、彼らに民主主義的な教室環境の安全感をも与えることができるのです。

　子どもたちはまた自分たちが学んでいる内容やそれが自分たちに個人的にどのように関わっているかということについて熟考する機会を頻繁にもたなくてはなりません。もし彼らがその概念と個人的な生活の間に意義のあるつながりを発見できないのであれば、教師がそのようなつながりを見つける手助けをしてあげてもよいでしょう。

　学業面での自己責任を実現する方法としての一貫した手続きに加えて、子どもたちは学習した内容を「モノにした」感じをもつようにならなければなりません。彼らは自分たちが勉強している事柄の目的と、自分自身の興味や感情と対応する関係を感じ取らなければなりません。

　子どもたちを学習過程に取り込むため、またそうすることによって学業面での自己責任をもたせるためには、カリキュラムのねらいは子どもたちの個人的な興味や動機に基づくべきです。子どもたちは彼ら自身の学習に充実して取り組めるように促されなければなりません（Gardner, 1993）。も

し彼らが関連する内容をより深く探求する機会をもつなら、子どもたちは学習に対してより自己責任を感じるようになります。

　評価も学習過程と同じ基準を含むべきです。パフォーマンス・アセスメントに積極的に取り組むとき、子どもたちは元来、自分たちの知識を伝えることに対してよりやる気をもちやすくなります。そのようなタイプのパフォーマンス・アセスメントとして以下のような活動があります。

・グループ発表
・ポートフォリオプレゼンテーション（個々の課題をまとめたもの）
・寸劇（子どもたちが書いた寸劇の中で個々の情報をまとめる）
・OHPによる発表
・コラージュ（個々の視覚課題の寄せ集め）
・学習した内容やそれと学習者との関連性についての感想文

　学業面での自己責任をめざして打ち立てられた教室でも、子どもたちはまだ国語や算数、読解、理科、社会科の基本的な教科を学びます。そしてそのような教科に加えて、子どもたちはそれらの科目の中で自分たちが興味をもった事柄を含めた発展学習に熱中するようになるでしょう。彼らはみな学業面でのねらいと、万一彼らがちゃんと参加しないことを選んだ場合の論理的な結果についてよく自覚しています。そして最終的に、仕上げの課題の中で、彼らは他の人たちと勉強の内容や情緒的、内面的な側面で自分たちが学んだことを分かち合うことでしょう。

　子どもたちは学習内容との意義のあるつながりを見つけることを許されるとき、そして学んだ事柄とそれらがどのように自分たちに影響を及ぼすかということについて内省する機会を与えられるとき、学習が進むにつれてより責任感を感じるようになります。さらに、学習のねらいとそれらのねらいを満たさないときの当然の結果を知ることによって、子どもたちは自己責任についての理解に新たな次元を加えているのです。次項に子どもたちの自己責任の技術を向上させるのに役立つ、子どもたちと一緒に行え

る課題をいくつか紹介しています。

　教師にとって、子どもたちの中に自己責任を育てることは民主主義型の授業スタイルをとることを意味します。またそれはリラックスした覚醒状態の環境を作り出すことをも意味し、その環境では子どもたちは十分に困難にぶつかりはしますが、安全で、不安はありません。子どもたちは情報を受け取り、出された情報に基づいて判断が下せるようになります。彼らは自分自身に頼ること、自分の過ちに対して責任を負うことを学びます。このような子どもたちは自分たちの日々の活動や振る舞いだけでなく、将来の運命までもコントロールできるのです。

自己責任課題 1
当然の結果

レベル：幼稚園児から4年生
教　科：国語、社会科
指　示：当然の結果は教師だけが知っている秘密にしてはなりません。子どもたちも社会科や国語の読み物を通じて、当然の結果を学べます。そうすることによって、子どもたちは行動に続く論理的で自然な結果を判断できるようになります。以下に例を挙げます。

行動：ジョージ・ワシントンが桜の木を切り倒した。
結果：彼は父親の信用を取り戻さなければならなかった。

行動：白人の入植者がとうもろこしを植えるのをポカホンタスが助けた。
結果：＿＿＿＿＿＿＿＿＿＿＿＿＿＿＿＿＿＿＿＿＿＿＿＿

行動：眠り姫が糸車で指を刺してしまった。
結果：＿＿＿＿＿＿＿＿＿＿＿＿＿＿＿＿＿＿＿＿＿＿＿＿

自己責任課題　1
当然の結果

レベル：5年生から8年生
教　科：国語、社会科
指　示：当然の結果は教師だけが知っている秘密にしてはなりません。子どもたちも社会科や国語の読み物を通じて、当然の結果を学べます。そうすることによって、子どもたちは行動に続く論理的で自然な結果を判断できるようになります。以下に例を挙げます。

行動：奴隷解放宣言が発表された。
結果：＿＿＿＿＿＿＿＿＿＿＿＿＿＿＿＿＿＿＿＿＿＿＿＿＿＿＿＿＿

行動：アブラハム・リンカーン大統領がゲティスバーグの演説を行った。
結果：＿＿＿＿＿＿＿＿＿＿＿＿＿＿＿＿＿＿＿＿＿＿＿＿＿＿＿＿＿

行動：独立宣言が発表された。
結果：＿＿＿＿＿＿＿＿＿＿＿＿＿＿＿＿＿＿＿＿＿＿＿＿＿＿＿＿＿

行動：三角貿易が確立された。
結果：＿＿＿＿＿＿＿＿＿＿＿＿＿＿＿＿＿＿＿＿＿＿＿＿＿＿＿＿＿

行動：バルトロメウ・ディアスがアフリカの南端のまわりを航海した。
結果：＿＿＿＿＿＿＿＿＿＿＿＿＿＿＿＿＿＿＿＿＿＿＿＿＿＿＿＿＿

行動：カリフォルニアで金が発見された。
結果：＿＿＿＿＿＿＿＿＿＿＿＿＿＿＿＿＿＿＿＿＿＿＿＿＿＿＿＿＿

行動：イサベラ女王がコロンブスの出航を認めた。
結果：＿＿＿＿＿＿＿＿＿＿＿＿＿＿＿＿＿＿＿＿＿＿＿＿＿＿＿＿＿

行動：ある暗殺者がマーティン・ルーサー・キング牧師を暗殺した。
結果：＿＿＿＿＿＿＿＿＿＿＿＿＿＿＿＿＿＿＿＿＿＿＿＿＿＿＿＿＿

自己責任課題　2
学業面に関しての自己責任

レベル：幼稚園児から4年生
教　科：すべての教科
指　示：子どもたちは定期的に自分たちの学業面の長所と短所について内省するべきです。この課題はワークシートを用意して、内省を始めます。

　幼稚園児から2年生までは教師が口頭で子どもたちにこの過程を導いてもかまいません。

学業上の長所	学業上の短所
あなたが得意なものを書きましょう。	学校の勉強であなたにとって難しいものを書きましょう。
どうしたらこの長所をこのまま伸ばすことができますか？	どうしたらこの短所を強化できますか？

将来、これらの能力を使うことになると思われる事柄を書き出しましょう。

自己責任課題　2
学業面に関しての自己責任

レベル：5年生から8年生
教　科：すべての教科
指　示：子どもたちは定期的に自分たちの学業面な長所と短所について内省するべきです。この課題はワークシートを用意して、内省を始めます。

学業上の長所	学業上の短所
学業上の長所を二つ挙げなさい。	学業上の短所を二つ挙げなさい。

具体的に、それらの科目がどのように長所、または短所になっているのですか？

どうしたらこの長所をより伸ばすことができますか？	どうしたらこの短所を強化できますか？

これらの能力が必要になると思われる場合や事柄を書きなさい。

自己責任課題　3
適切な選択をする

レベル：幼稚園児から4年生
教　科：すべての教科
指　示：子どもたちには、実際の問題を解決するときに使える骨組みが必要です。さらに彼らは適切な解決法を選び、対処する練習をする機会も必要です。

　次のお話を子どもたちに読み聞かせましょう。そして、問題解決のためのステップを踏み、最終的な判断を行います。一番大事な作業は、子どもたちの情動反応、お話の中の男の子の行動、そして子どもたちがその男の子のために選んだ解決法についてのクラス全体での議論です。

3年生のジレンマ

　ハートリー先生が担任する3年生の教室では、子どもたちは熱心に「ジャックと豆の木」をもとにした劇に取り組んでいました。ある日、リハーサルの最中に、ジャック役のジョニーは不運な事故に遭ってしまいました。彼は、ロープを蔓草で覆った作り物の豆の木を這い下りているときに、椅子から足を踏み外して、みんなが見ている前で床に落っこちてしまったのです。他の子どもたちは、ジョニーが無事なことがわかると、彼が落っこちたときの滑稽な姿を笑い始めました。笑い声はだんだんと大きくなり、ジョニーはどんどん腹が立ってきました。彼はついに立ち上がり、近くにいた人たちに向かって殴りかかっていきました。生徒たちは笑うのをやめ、ジョニーから逃げ始めました。一方ジョニーはもうこの状況全体にすっかり憤慨してしまっていました。

問題解決
このお話において、一番の問題点は

_____
_____
_____

いくつかの考えられる良い解決法としては、
_____
_____
_____
_____

実行可能な良い解決法を三つ挙げるなら、
_____
_____
_____
_____

総合的に見て、この問題に対して私たちが選んだ一番良い解決法は、
_____
_____
_____
_____

自己責任課題　3
適切な選択をする

レベル：5年生から8年生
教　科：すべての教科
指　示：子どもたちには、実際の問題を解決するときに使える骨組みが必要です。さらに彼らは適切な解決法を選び、対処する練習をする機会も必要です。

　次のお話を子どもたちに読み聞かせましょう。そして、問題解決のためのステップを踏み、実行可能な解決法を見つけます。最終的には子どもたちはこれらのステップをグループや各自で踏むべきです。問題解決に続いて議論や話し合いが行われなくてはなりません。

選択の自由

　ドナが学校で問題児であることはみんなが知っていました。彼女は騒々しく不愉快な悪態をついては、教師や他の子どもたちを怒らせていました。ある日、公民の授業中、子どもたちは選択の自由について議論していました。ある内気な男の子、トニーは思い切って自分の意見を声に出して発表したのです。彼は、アメリカ合衆国では、人々は自分の望む教育を受け、自分が望む仕事を選び、自分に合った配偶者を選ぶチャンスがあることを説明しました。するとドナはここぞとばかりにトニーをなじり始めました。彼女は大声でやじり、続けてそのにきび顔と脂ぎった髪をした彼が、配偶者を得ることについて心配する必要などない、と彼に言い放ったのです。彼女は彼に、そんなに選択の自由がお気に入りなら、おそらくその頭を砂に埋めて、誰もそれを見なくてすむようにすることを選んだ方がいい、などと言ったのです。

　その後、誰一人予期しなかったことが起こりました。内気なトニーが椅子から飛び上がったのです。その目は怒りに満ちていました。彼は両手を使って彼女に体当たりし、力の限り、彼女を突き飛ばしました。ドナは椅子から床にすっ飛びました。これはドナにとって新しい経験でした。なぜなら今まで誰も彼女に抵抗したことがなかったからです！　怒りと屈辱感により、ドナは飛び起きて宣戦布告しました。教師が行動を起こす前に、トニーとドナは教室の真ん中で本格的な殴り合いをしたのです。

問題解決

主要な問題点を述べなさい。

_____
_____
_____

その問題点について、私たちが知っていることは何ですか？

_____
_____
_____

私たちは何を知る必要がありますか？

_____
_____
_____

私たちはどこでその情報を得ることができますか？

_____
_____
_____

考えられるすべての解決法を挙げなさい。

_____
_____
_____
_____

最終的に一番良い方法を決めなさい（あるいは二つの解決法の組み合わせ）。

_____
_____
_____

あなたたちの解決法やあなたのグループがその解決法に至るまでにたどった筋道について話し合いましょう。

自己責任課題 4
　　　　　学校から仕事へ

レベル：幼稚園児から 8 年生
教　科：すべての教科
指　示：子どもたちは学校が仕事と似ている点と仕事と異なる点のリストを書き出します。ベン図やその他の図や表形式を使って比較した結果を表しましょう。

　幼稚園児から 2 年生までの子どもは類似点を張り紙で表してもかまいません。

どのように学校は仕事と似ていますか？

	学　校	仕　事
宿題に関して		
信頼性に関して		
時間に関して		
お金に関して		
能力に関して		
規則を守ることに関して		
仲間に関して		

7. 個人的意義の発見

> 子どもたちは意味の探求者です。彼らは話し方を学ぶとすぐに、単純な事柄に加えて、時の始まりから哲学者と神学者たちを悩ませてきた人間存在のジレンマについてまで質問をし始めます。子どもたちは価値や感情、意味、そして自己と他者の関係についての問題を探求することに強い関心を抱いているのです。
> ——カリフォルニア教育省 初等教育調査委員会報告 "それが初等教育だ！"

　子どもたちは学んだ情報が長期記憶に留められるようにするため、適切な意味と関連性を解釈できるようにならなければなりません。彼らは情報との心理的なつながりを感じなくてはなりません。さらに自分たちにとって納得がいく学習の型を見つけなければなりません。教室の中での授業は、子どもたちにそのような関連やつながり、そして最適な学習が実現できるそのような型を見つける機会を提供しなければなりません。一片の情報の中に個人的意義を発見することにより、彼らは自尊心や自己肯定感を得ることになるのです。そしてそれらが学習過程において不可欠な要素になるのです（図 7.1）。

　脳の三つの層——爬虫類脳、辺縁系、そして新皮質——はみな互いに連続的に作用しあっているので、**概念＋感情＋反応**がすべて学習過程において相互に関連しているということを我々は知っています（Caine & Caine, 1994）。

```
■自分と他者についての認識
■自分と他者の肯定
■自己責任の習得
■個人的意義の発見
■誠実さと道徳観の尊重
```

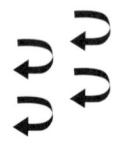

図 7.1　「こころの知性」の構成要素

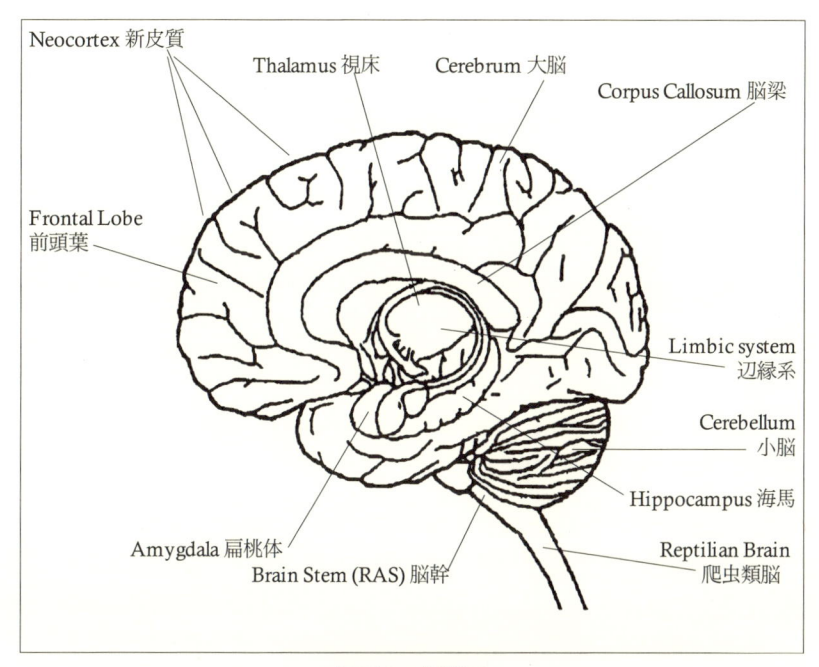

図7.2　辺縁系

　辺縁系（**図7.2参照**）は感情と記憶の両方を保持しているので、思考に関しての感情面のインパクトが長期記憶を引き起こすことは、まさに道理にかなっているでしょう（Caine & Caine, 1994）。我々の子どもたちが毎日感じ、知覚し、意味を構築し、内省していることは事実です。我々の仕事はそれらの過程が情報の中身を学んでいるときに起こるように、カリキュラムと指導技術を作ることなのです。

　子どもたちに深い意味を見出させることのできる理想的な指導方法は探究型学習です。教師がある特定の話題について背景となる情報を提供し、子どもたちはその学習のある部分を選択し、それを探求、調査、そして検討します。子どもたちは多重知能媒体を用いて最終成果を作り、発表することを奨励されます。つまり、彼らは3次元課題を組み立てたり（身体的／動的）、歌を作ったり（音楽的／リズミカル）してよいのです。音声言語

的／言語的な方法を好む子どもは寸劇やスピーチを創作することを選ぶかもしれませんし、視覚／空間的方法を用いる子どもは自分たちの作品を描いたりぬったりするかもしれません。学習の最終的成果は展示され、トピックについての踏み込んだ議論とともにクラス内で公開されます。最終課題の一部は内省的な日誌になるでしょう。その中で子どもたちは自分たちが学んだこと、学習についてどう感じたか、何をより深く学習したいか、などといったことに対してメタ認知的思考経路を使うことでしょう。

Making Connections: Teaching and the Human Brain という本で、Geoffrey と Renate Caine（1994）は route learning（経路型学習）と map learning（地図型学習）の概念について説明しています。教師が下に挙げるような従来的な方法をとるとき、彼らは経路型学習のアプローチをしていることになります。

1. 新しい概念を子どもたちに紹介する。
2. 理解度をチェックするために練習課題を与える。
3. 練習課題を復習する。
4. 子どもたちの理解度をテストする。

内容、目的、そして指導計画は子どもたちに期待する明確な結果とともに教師によってあらかじめ決められています。経路型学習のアプローチに適したテストには、多肢選択問題、正誤問題、あるいは穴埋めテストがあります。学習に関して子どもたちの貢献や反応が要求されるわけではないので、子どもたちは認知できる表面的な成果を得るだけで、踏み込んだ意味を獲得するまでには及びません。

それに対して、教師が地図型学習法を用いた場合、概念は次のようなステップを踏んで教えられます。

1. 教師がテーマ的な話題を紹介する。
2. 子どもたちが各々、自分がエキスパートになろうとするそのトピックのある特定の領域を選ぶ。

3. 子どもたちが自分たちのトピックを研究し、そのトピックについての理解を示す作品を作成する。
 4. 子どもたちが自分たちの作品をパフォーマンス・アセスメントとして発表する。

　地図型学習を通した学習は、経路型学習より子どもたちにとって有意義でやる気を起こさせます。地図型学習は子どもたちにとって個人的な関連をもたせるので、彼らがこの情報を長期記憶に転送する機会は大いに増えます。
　しかし、地図型学習アプローチには否定できない利点があるにもかかわらず、いつも地図型学習法を用いることができるわけではありません。なぜなら現実には順守すべき州の基準と実行すべき地域のカリキュラムがあるからです。さらに、子どもたちが経路型学習を通して教えられるのが最も適している情報を学ぶ必要がある場合もあります。我々は子どもたちに具体的な情報、例えば体の部分の名前や州都などを学習させたいとき、経路方式を用います。しかしながら、たとえ学科が直接的な暗記事項を含む場合でも、我々はいくつかの指導法を導入して子どもたちにとっての意味を作りだすことはできます。例えば、体の部分を学習している場合、体の部分を三つ選び、それら三つの部分がどのように相互依存しているかということについて短い調査研究をすることができます。州都を覚える場合、子どもたちは想像上の国内周遊旅行について記述し、それぞれの州に到達するごとに、彼らが州都を訪れた際に観察した周辺状況を説明することもできるでしょう。
　我々は経路型学習が、かかる時間も短く、先生にとって準備も簡単で、そして測定可能な結果を出してくれることを知っています。しかし研究によると、子どもたちは地図方式を通した方が概念のより深い理解を得る、ということが疑いようもなく示されています。我々教育者が、意義のある文脈の中で教えることによってもたらすことのできる学習へのインパクト

を自覚することが非常に重要です。

脳の変化

　子どもたちが意義のある知識を仕入れているとき、脳の中では実際に何が起こっているのでしょうか？　我々の子どもたちを相互学習に引き込むことが彼らにとってより有益であるということについて、どんな証拠があるのでしょうか？　この疑問に答えるために、1964年に行われたUCLAでの研究を見てみましょう。Mark Rosenzweigは、刺激や経験、好ましい環境の結果として脳の構造が変化し拡大するのかどうかを判定したいと思いました。三つのラットのグループがこの実験の対象として使われました。

- 第1グループのラットは視覚的、物理的に刺激的な環境（車輪やはしご、迷路などがたくさんあるケージ）で生活した。
- 第2グループのラットは刺激が全くない貧弱な環境で生活した。
- 第3グループのラットは第1グループラットの刺激的な生活を見ることはできるが、自身は物理的刺激が全くないのでやや貧弱な環境にあった。

　これら三つのラットグループを調査してみると、刺激的な環境の中で直接的な相互作用をもったグループは、実際に新皮質の重さや厚さが他の二つのグループよりもずっと増えていました。グリア細胞中の酵素は10％変化し、グリアの全体量は14％増加しました。グリア細胞は脳が機能するためには重要です。なぜならそれらがシグナルを伝達する細胞に栄養分を供給するからです。この実験が示すことは、個人が直接的に知的刺激を与えられ、新しい考えや経験に関わることができたとき、知識や意義が増強される、ということです。要するに、意義深い相互作用や経験はまさに我々の脳の物理的構造を形作り、それゆえ我々の未来の学習をも形作っているということです（Bennett, Diamond, Krech, & Rosenzweig,1964）。

四つの M

　自分たちが学んでいる事柄に関連性を見出せる子どもたちや、学んでいる内容との関わりをもつようになる子どもたちは自尊心や自己信頼感を育てていきます。経路型学習のアセスメントよりも、パフォーマンスアセスメントで自分たちの知識を発表するときの方が、子どもたちはアセスメントを通して新しい意義を得ますし、「こころの知性」のための貴重な手段を学んでいます。このことは、彼らが具体的で肯定的な反応を仲間や教師から得るときに生じます。なぜなら学習した内容を発表する間、子どもたちは自分が得た知識について認知的に自覚するようになり、それによって自尊心が高められるからです。意義のある学習を引き起こすための手段が本当にうまく働くようにするため、指導者は自分の学習計画の中に四つのMを用いるとよいでしょう。Meaningful material（意義のある内容）、motivation（動機づけ）、movement（活動）、そして multiple intelligence（多重知性）の四つです。

Meaningful Material（意義のある内容）

　内容のトピックが子どもたちに提示されるとき、その指導方法は複雑で生き生きしており、子どもたちが深い意義を得られるようにまとめられたものでなくてはなりません。完全な理解というのは学習者が知力や創造性、感情を刺激された場合に起こります。子どもたちは内容に対して意見や**感情**をもっているはずで、授業はそれらの感情を引き出すために行われなければなりません。前述したように、子どもたちが内容を「モノにした」感覚をもつとき、その内容は子どもたちにとって関連があり、意義のあるものとなります。このことは、学習するトピックの領域やそのトピックを学習するために使う手段、そしてそのトピックについての自分たちの知識をどのように発表するかということを決定する過程に、子どもたち自身が関わっていなくてはならないことを示唆しています。ここで、民主主義的な教室が力を発揮します。題材を子どもたちにとって真に意義のあるものと

するために、教師は、子どもたちが彼ら自身のやり方で意義を感じられるように進んで権威を手放し、さまざまな代替手段を通して意義を探索し、非従来的な手法を通して知識を提供しなくてはなりません。しかしながら、はっきりさせておかなければならないことは、子どもたちに選択肢や刺激的な活動を提供するだけでは不十分だ、ということです。深い意義をもたらすためには、子どもたちが探索任務を遂行するにあたり、彼らが心の中に**納得できる目的**をもっていることが必要です。次のことは授業が教室全体を相手にしていても個人に対してであっても当てはまります。子どもたちは自分たちが学んでいることの目的を知る必要があります。一度このことが確立されたなら、学習過程を促進するためのさまざまな方法が利用可能になります。意義のある学習方法の例として以下のようなものがあります。

▶**協同学習**は、通常1グループに生徒4人のグループで行います。協同学習の場合、子どもたちはチームとして問題解決に当たったり、判断を下したり、情報の意味を議論したり、あるいはトピックについて意見交換したりしてかまいません。また、各自が責任をもって概念全体の中の一部分について専門家になってもよいでしょう。例えば、子どもたちは旧西部についてのプロジェクトを作らなければならないとします。彼らは、西部へと移住を促すことになったできごと、旧西部での仕事や文化（食べ物、衣服、踊りなど）、旧西部の有名人などについての理解を示すことを求められています。チームメンバーのそれぞれが一つの部分を選び、その部分についての専門家になります。すべてのチームメンバーが資料を集め終えた後で、彼らは自分たちの知識を紹介するためにどのようにプロジェクトを作り上げるか決めるのです。

▶**ホンモノの学習**は、子どもたちが自分たちが学習している事項の現

実世界に対する関連性を見ることを可能にするため、子どもたちはつながりを作り、自分たちにとってその情報がどのような意味をもっているかということについてより鋭い感覚をもつことができます。ピラミッド建設の際のエジプト人の努力について、子どもたちに感覚をつかませるには、まず子どもたちは背景知識を学ぶとよいでしょう。彼らはビデオを見たり、論文を読んだり、もしかしたら博物館を訪れたり、あるいはゲストスピーカーにそれらの壮大な建築物にまつわる労働量について説明してもらってきてもよいでしょう。次に、子どもたちは実際にピラミッド建設に関わり、エジプト人が使った技術と同じ技術を用います。彼らはまさに建築過程に関わったため、このプロジェクトの終わりには、エジプト建築についてよりはっきりと理解していることでしょう。

▶**テーマ学習**は、子どもたちは一日を通してバラバラの科目に取り組むよりは、あるテーマにそって取り組んだ方がより学習に熱中するようになる、という前提に基づいています。例えば、公害についてのテーマ単元の中では、教科は次のようなやり方で取り上げることができるでしょう。

1. 国語——単元を Seuss 博士の *The Wump World* を読むことから始める。その後に公害が起こし得る惨劇について議論し、考える。
2. 国語——水質汚染や大気汚染、騒音公害について、新聞記事や雑誌、本、ウェブサイトなどを含めたさまざまな資料から読む。
3. 算数と理科——世界中の地形的に異なる領域について調べ、それらを高汚染地域、中汚染地域、低汚染地域に分類する。次に、それらの調査結果から汚染レベルのグラフを作成する。
4. 算数と理科——地域の湖や川の水の汚染レベルを調べる。そ

れらのサンプルがどのカテゴリーに入るのか判断する。
5. 社会科——環境問題における初期の先駆者を選び、環境に対する一連の業績の年代を示した年表を作成する。
6. 国語——協同グループで現在の公害問題について学習し、そして連邦議会の議員に対して懸念と対策を表した手紙を書く。
7. まとめの課題——水処理施設や空港、環境管理研究所を訪れ、現在使われている公害管理装置について知る。
8. まとめの課題——プロジェクトを作り、口頭で公害についての子どもたちの知識や懸念、その問題について考え得る対策を発表する。

Motivation（動機づけ）

　外的な動機づけには子どもの心理の外側から生じる喜びが含まれます。この喜びは、課題につけられた良い成績という形や、テストについたステッカーや教室のグラフについた星印のような具体的なご褒美という形で表れます。外的な動機づけは子どもたちが目の前の情報に対してまだ興味を抱いていない場合や、それを学習する内的な目的をもっていない場合には必要です。しかし、この方法による動機づけは頻繁に起こるにもかかわらず、「こころの知性」にまで通じることはありません。なぜならこの方法は子どもに深い意味での理解や目的の感覚、あるいは自己受容を促すタイプの反応をもたらすことがないからです。

　単語の練習の授業では、教師はその週に生徒が学ぶべき単語のリストを少しずつ配るでしょう。おそらくすべての子どもたちが、その単語を使った文を書いてパートナーとともにその単語を練習し、1単語につき3回ずつ書きとる、という日々の課題をこなすでしょう。子どもの中には、テストでAをとることを外的に動機づけられているため、リストを家に持って帰り、テストのために勉強する子たちもいます。おそらく、つづり方テストの成績全体はこのような方法を使っている教室では高くさえなるでしょ

う。問題は、外的な報酬のためだけに勉強している子どもたちは、長期にわたっては学んでいない、という事実です。このタイプの指導は意義のある関わりをもたず、子どもたちがそれらの単語を長期記憶に転送する機会はまず起こりそうにないのです。

　それに対して、**内的な動機づけ**は好奇心や興味、興奮、新奇性を通しての学習です。子どもたちは個人的な興味の火付け役となった課題に取り組みます。彼らは自分たちが学んでいる情報に注意を払い、そのトピックをもっと深く突きつめたいと思っています。

　つづり方の授業を例にとって、外的動機づけを内的動機づけに変換させてみましょう。教室では子どもたちは文学の勉強に取り組んでいます。毎日、彼らは本の一部分を読み、そして本の内容を中心にした課題に取り組みます。月曜日の朝、教師は子どもたちにその週に読むことになるおおよそのページ数を伝えます。そして子どもたちはそのページをざっと読み、なじみのない単語を探します。彼らはその単語と本文を書き留めます。子どもたちが作り出した単語リストから、クラスでその週に学ぶ単語群を決めます。子どもたちは2人組になって、話の中から単語を文章ごと読み上げ、そして辞書を使ってその単語を調べます。彼らは文脈上当てはまりそうな、その単語の辞書による定義を探します。次に、彼らはそれらの定義を文脈上の単語に当てはまるように、自分の言葉で書きます。そしてこのパターンをすべての単語を定義づけてしまうまで続けます。彼らは今や自分たちが選んだ単語とその意味を自分のものにした気持ちです。

　火曜日には、子どもたちは自分たちの単語リストと定義を復習します。彼らは単語を定義づけながら、つづりを口に出し、練習します。読解の授業中、それらの単語にたどり着くと彼らはもう一度その意味とつづり方を復習し、学ぶ機会をもちます。今や彼らはその単語にたどりつくまでのお話をしっかり読んでいるので、より深い意味さえ獲得しています。金曜日までに、ほとんどの子どもたちは単語との真のつながりを感じ、つづって定義し、文章中にその単語を使えるようになります。子どもたちは内的に

動機づけされたので、そこにはステッカーやテストによる脅し、あるいは他の外的な要素といったものは一切必要ありません。

Movement（活動）

　Carla Hannaford、Howard Gardner、Maria Montessori、Jean Ayres、Neil Kephardt、そして他の学習の専門家たちはみな、Movement（活動）が学習過程において非常に重要であるということに同意しています。一連のパントマイムを実演したり、ダンスを創作したり、ゲームをしたり、発明をしたりする能力はみな、身体を用いた認知のあかしです（Gardner, 1993）。効果的な情報処理は、脳のすべての部分が動員されたときに生じます。それは大きく感情が関与したときだけでなく、積極的な相互作用の中での刺激があるときも含まれます。子どもたちは教室内での受動的な聞き役ではなく、学習における積極的な参加者にならなくてはなりません。これは子どもたちがカリキュラムを真に理解するために物理的に跳びまわらなければならない、と言っているのではありません。しかし、思考が生じるようにするには、そこに活動がなくてはなりません。たとえある人が完全にじっと座っているとしても、思考が継続するようにするには、ある種の活動が起こらなければなりません。その活動はジェスチャー遊びのような非常に開かれた動き、あるいは考えを紙に書くといった単純なものであるかもしれません。

　教育者が理解すべき重要なポイントは、個々の子どもたちは異なる量の活動を必要とするであろう、ということです。我々の子どもたちのうち何人かは情報を処理する手段として実際に教室内を歩き回る必要があるでしょうし、我々はそれを容認するだけの柔軟性がなければなりません。できるだけ混乱がない状態で課題に取り組む時間を確保するために、教師と子どもたちは実際に容認できる活動と受け入れられない活動のリストを作ってもよいでしょう。

Multipul intelligence（多重知性）

　Howard Gardner（1993）は、実際の知能とみなされる八つの属性を特定しました。人はそれぞれ知的な長所と弱点の傾向をもって生まれるものではありますが、研究によると効果的な指導方法や環境を豊かにすることが知能の向上につながり得ることがわかっています。子どもたちが知的能力を高める機会をもっているとき、彼らの「こころの知性」も高まります。Howard Gardner が言う、多重知性とその向上のための活動には次のようなものがあります（Gardner, 1993）。

　Verbal／Linguistic（音声言語的、言語的）
- 子どもたち同士の討論
- 請願
- 広告
- 4コマまんが
- デモ
- 報道
- テレビやラジオの模擬トーク番組
- 論説文

　Logical／Mathematical（論理的、数学的）
- 迷路
- 分類されたコレクション
- 図やグラフ
- コンピュータプログラム
- 年表
- 問題解決
- 実験
- 配列

　Visual／Spatial（視覚的、空間的）
- 絵画
- 試作
- 壁画、コラージュ、模型
- アニメーション映画
- ジオラマ、モービル、飛び出す絵本
- ゲーム作り

- お話の挿絵を描く
- 旅行案内パンフレット

Bodily／Kinesthetic（身体的、運動的）

- ロールプレイ
- 張り子
- 記者会見
- 実験作業
- ダンス、衣装作り、上演
- 撮影／映画制作
- パントマイム
- ラジオ／テレビショー
- スポーツ

Musical／Rhythmical（音楽的、リズミカル）

- 歌詞、あるいはメロディー
- 詩
- テープ録音
- 自然音
- インストルメンタル音楽
- 一人で仕事しているときにヘッドホンで音楽を聴く
- なぞなぞ
- リズム

Interpersonal（対人的）

- 劇
- 協同学習
- パートナーとの意見交換
- 議論
- 広告
- グループ発表
- 記者会見
- デモ
- 反応

Intrapersonal（内省的）

- 日誌
- 詩
- 自己内省

- コレクション
- 自分のことについて話す
- 描画
- イメージ誘導
- 日記
- 絵画

Naturalist（博物学的）
- 自然散策
- 自然音楽
- 地図製作
- 調査／探検
- 観察記録を書く
- 発見する
- 動物についての勉強
- 環境についての勉強
- グローバルな議論

概念＋感情＋反応がすべて学習過程において相互に関係しているということを思い出すと、これら四つのMは指導者に、子ども同士によるより高いレベルにおいての交流を可能にする手段を与えてくれ、その結果、高いレベルの学習をもたらすことができるようになります。

　四つのMを使うことによって、長期記憶を引き起こす思考に関して、感情面のインパクトが生まれます。我々の子どもたちが日々、感じ、知覚し、意味を構築し、内省していることは事実です。我々のカリキュラム中に四つのMを用いることによって、我々は子どもたちが目の前の教材に対して個人的な意義を見出していく機会を増やすことができるのです。

　次に挙げる課題は、与えられた課題の中に個人的な意義を見つける能力を上げることを意図して作られたものです。（本文は122ページに続く）

個人的意義の課題　1
新聞学習

レベル：幼稚園児から4年生
教　科：国語、社会科、理科
指　示：生徒2人組それぞれに地元の新聞1部が与えられます。個人的な意義と関わる課題の例として以下のものがあります。

- 新聞のまんが欄を見た後、子どもたちは自分たちの好きなまんがを切り抜き、ごちゃまぜにし、その後正しく連続した順番になるよう、ボール紙に貼り付ける。
- 文字の形や音を学んだ後、子どもたちは新聞からそれらの文字を切り抜く。
- CやGの硬い音、やわらかい音を学んだ後、子どもたちはそれらの文字で始まる単語を切り抜き、ボード上にやわらかいG音や硬いG音といった、正しいカテゴリーに分類して貼り付けていく。
- 新聞の天気図を見る。子どもたちはいくつかの天気マークを学び、その後自分たち自身でマークを作って、天気を表す。アメリカ合衆国の白地図をもらった後、彼らは自分たちの新しいマークを使って手がかりを作り、その後数日の天気の傾向を示すことが可能になる。

個人的意義の課題 1
新聞学習

レベル：4年生から8年生
教　科：国語、社会科、理科
指　示：それぞれの協同グループに地方紙が1部ずつ配布されます。個人的な意義を教えるのにお勧めの活動に以下のようなものがあります。

● 子どもたちが自分たちにとって面白いと思う記事を読む。そして紙やボードに以下のものを切り抜いて貼り付ける。
　　——主題文
　　——出てきた順に、五つの重要な具体文
● 子どもたちは新聞の社説欄を読んで話し合う。そして、彼らが強く意見をもった話題に関してチームメンバーのそれぞれが編集者宛に手紙を書く。
● 子どもたちは新聞のスポーツ欄から記事を一つ選び出す。記事を読んで思索した後、その記事について「誰が (Who)、何を (What)、どこで (Where)、いつ (When)、そしてなぜ (Why)」を書き出す。次に、彼らは、それら五つのWが自分たちの記事の中にも含まれることを注意しながら、彼ら自身によるスポーツ記事を書く。
● 新聞の天気欄を活用し、子どもたちは地理上のさまざまな場所での気温を記録し、それらをグラフに表す。そして自分たちの地域と他の地域を比較し、合衆国中の全体的な天気の違いを割り出す。
● 新聞中のさまざまな欄になじんだ後で、子どもたちはクラスの新聞を書く。まず彼らは自分が取り組みたい欄を選ぶ。欄の選択肢としては1面、スポーツ、論説、まんが、告知欄などがあるだろう。子どもたち4、5人で1グループを構成し、それぞれのグループは自分たちの欄で五つの記事を書く責任がある。グループで自分たちが書く記事や、必要な資料や題材を決定する。そして、記事を書き終えた後お互いの仕事を編集しあう。

個人的意義の課題　2
個人的意義のためのさまざまな方法

レベル：幼稚園児から 8 年生
教　科：すべて

　以下のリストは個人的な意義や生徒の学ぶ機会を増大させる、教育実践活動です。

幼稚園～ 8 年生：個人的成長の学習。自分の家族史や趣味、あるいは経験を自分の学習課題に盛り込み、より高い興味と深い意味を作り出してゆく。

3 年生～ 8 年生：子どもたちが作ったゲーム。ある単元の学習が終わった後、学んだ情報を活用してボードゲームを作成する。そして、午後の時間はお互いのゲームで遊ぶためにあてがわれる。

3 年生～ 8 年生：グループ発表。チームとして取り組み、学んだ情報を興味深い方法で発表する。

1 年生～ 8 年生：学習センター。センターによって子どもたちに選択肢が与えられるとき、それらは学習過程にとって非常に意味があり、プラスになり得る。

3 年生～ 8 年生：テーマごとの指導。この指導方法は学習者がパターンやつながりを確立するのを助ける。

4 年生～ 8 年生：討論。子どもたちはどのような議題についても立場を選ぶことを要求される。彼らは討論の準備のために調査、研究をし、自分たちの根拠を主張する。

幼稚園児～ 8 年生：物理的制作。子どもたちがレプリカ、模型、ポスター、ジオラマ、図表などを課題として作ることが許される場合、意義深い学習経験を得る機会は大いに増える。

3 年生～ 8 年生：ロールプレイ。文学の勉強や歴史の単元が終わった後、子どもたちは役を選び、それを演じる（それによって情報が長期記憶に植えつけられる）。

幼稚園児～ 8 年生：内省。子どもたちは学習した内容が自分たちにとってどのような意味があるかということについて、内省する機会が必要である。これはクラスでの話し合い、日誌、パートナーとの話し合い、あるいは協同グループを通して行われるだろう。

まとめ

　脳は意味を構築するために、常につながりやパターンを求めているので(Caine & Caine, 1994)、我々の授業計画と教育実践は子どもたちにとって意義を増大させるような要素を含んでいなくてはなりません。そうであれば子どもたちは情緒面の意義(例、争いごとを解決するための非暴力的手段の理解と実践)や知的な意義(例、単語が生徒にとって関わりがあるために生じた、単語の理解の長期記憶への転送)を建設することでしょう。

　授業計画を作成する際、従来的な経路型学習法とともに地図型学習法も、子どもたちがより意味のある概念を得られるようにするために導入されるべきです。教室でその指導に四つのM(意義のある内容、動機づけ、活動、多重知性)を用いる教師は、子どもたちに彼らが学習している事柄の関連性をわからせることができるため、彼らが自尊心や自己信頼感を育てるのを助けていることになるのです。

8. 誠実さと道徳観の尊重

　第1章では、私たちの学校組織に直接関連する問題として、暴力と子どもの攻撃性が増していることについて言及しました。入学したばかりの多くの子どもたちは、適切な価値観の基本的な理解や意志決定のスキルを欠いているように見えます。私たちは、人との関わりを積極的に行う方法を知らないように見える子どもたちに、衝動的な、また不適切な行動を見ることがよくあります。子どもたちの家庭で、きちんとしたモラルが実行されていない場合には、私たちの教室での仕事はさらに困難になります。この章では、教室の先生方に、子どもたちの道徳についてよく考え、決心することを助けるための、いくつかの提言と活動を与えるつもりです（図8.1）。

　子どもたちが十分に成長し、彼ら独自の感情、情緒、信念、価値観の感覚を発達させ始めるとき、個人の誠実さや道徳観についての問題が、「こころの知性」の重要な側面になります。道徳観は、忠実に守るべきモラルのシステムとして定義されます。小学校に入学するまでに、子どもたちは責任や尊敬、協力、正直さ、そして誠実さについての基礎を形成する約6年間を過ごしています。この道徳観の枠組みは、子どもたちが観察するも

■自分と他者についての認識
■自分と他者の肯定
■自己責任の習得
■個人的意義の発見
■誠実さと道徳観の尊重

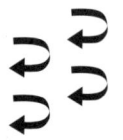

図8.1　「こころの知性」の構成要素

の、影響を及ぼす大人たちや遊び仲間、メディアなどの他の環境要因、両親やきょうだいたちによって形成されました。子どもたちが私たちに出会う前にすでにとても多くのことを植えつけられている状況下で、子どもたちがポジティブで生産的な道徳観を獲得するのを、教師として私たちは、どのように手助けできるでしょうか？

　ティモシー・ラスナックは、*An Integrated Approach to Character Education*（1998）の中で、学業面の発達を促し、子どもがより強い道徳観を発達させるのに必要な社会的スキルにも焦点をあてた六つの原則を示しています。

各科目の一部としての性格教育

教師は授業を展開するときに、頭の中に明確な学業面の尺度をもっています。しかし、責任、尊敬、協力、希望、意思決定の要素も各授業に組み込まれるべきなのです。

徹底的な議論とシミュレーション

道徳や性格教育のプログラムを実行する中には、「道徳的に成熟した人間」に向かって進歩することが計画されていなければなりません。この「活動的教育」は、人間の尊厳を示し、他の人の幸福のために養護、気づかい、そして個人の興味を社会的責任に結びつける活動を、含んでいなければなりません。それはまた、誠実さを生み出し、モラルの選択に影響を与え、争いの解決に関わっているはずです。

ポジティブな学校の環境

学校全体は、ポジティブな子ども支援のための環境に整えられならなければなりません。雰囲気は挑戦的であっても落ち着きのあるものでなければなりません。学校の指導方法と方針は、明らかで一貫したものでなければなりません。教師たちは道徳的な行為のモデルや、指導者としての役割に気づかなければなりません。また、子どもたちが内省し、自己実現するのを励ますという環境を提供しなければなりません。

道徳教育における管理職の役割

管理職の役割はまさに先生が教育するように強く望まれる道徳観を提示し、モデルを作ることです。カリキュラムの不可欠な構成要素として性格教育プログラムを含むようにし、そしてプログラムの効果を測る基準を作らなければなりません。

道徳教育の中で権限を与えられた教師

これは、教師の役割は情報を与える者やカリキュラムを管理する者以上のものに広がっていることを意味します。教師の役割は意志決定者であり、問題解決者であり、そして連絡係でもあるのです。子どもたちが道徳や誠実さの概念をもっと理解できるようにするために、教師は両親や社会、仕事上の仲間と協力しなければなりません。

重要なパートナーとしての学校と地域

子どもたち、教師、親、隣人、社会そして仕事のリーダーたちを一緒につなげることによって、私たちは道徳教育のプログラムの中に必要な構成要素を準備します。いろいろな地域の組織や会社への見学、文通プロジェクト、学校での助言を通して、これらの構成要素が取り入れられます。そして、外部の人との関係を保つことによって、私たちは、道徳的な役割モデルを教室に招き入れることができるのです。

親の参加

これらの六つの原則に加えて、7番目の構成要素についてお話しましょう——それは親の参加です。この構成要素なしでは、道徳観と誠実さを教えることは不可能です。子どもたちが新しい道徳観と誠実さについて気づき、順応するようになるためには、親は学校の環境の一部にならなくてはなりません。平日に来ることができる親たちはクラスの個別指導員や助言者、学校のボランティア、また校外見学の手伝いという役割を引き受けることが勧められます。一日を通して来ることができない親たちは、教師の連絡帳や電話に答えること、子どもたちの宿題をいつもチェックすること、

家に来る手紙を読むこと、学校で起きたことについて子どもたちと毎日議論することによって、彼らの支援をすることができます。

　教師として私たちはちょっとした方法をとることによって親の参加を増やすことができます。親の参加が必要とされるすべての仕事のリストを作ってください。家にリストを送るか、最初の保護者会で親たちに渡すかしてください。快く参加できる領域に参加してもらうことが望まれているということを親たちに知らせましょう。

　親への連絡の例を**例8.1**に示しています。

　保護者の参加が必要だと強く感じている学校があります。そのため、学校の政策についての本には、保護者の参加を子どもの教育に不可欠な構成要素として取り上げています。アリゾナ州チノバレーにある、幼稚園から8年生までの学校、ミンガス・スプリングス・チャータースクールでは、保護者は毎年20時間のボランティアをするように依頼されています。ボ

例8.1

20XX. 9. 1
保護者のみなさま
　私たちはお子さんにとって学びの機会がたくさんあり、有益で刺激的な1年を楽しみにしています。お子さんができるかぎり最善の教育を受けることを確保するために、保護者のみなさまに次の領域のうちの一つでボランティアをしていただくことをお願いします。お子さんが自分の教育について保護者のみなさまが興味を抱いていらっしゃることを知ること、保護者のみなさまが、目標に向かってチームとして働くという意志を正しく理解することは重要であると考えています。

校外見学のつきそい ＿＿＿＿	試験の採点 ＿＿＿＿
教室での個別指導員 ＿＿＿＿	電話の呼び出し ＿＿＿＿
事務室でのボランティア ＿＿＿＿	行事を組織すること ＿＿＿＿
運動場での援助者 ＿＿＿＿	ランチルームの監督 ＿＿＿＿

　加えて、お子さんの学習に対する保護者のみなさまの興味を示すために、必ずお子さんの宿題に目を通し、成績表を見てあげてください。また、お子さんが学校生活のできごとについて話すよう、励ましてあげてください。ご協力、感謝致します。

ランティアの選択項目としては、電話の呼び出し、教室での個別指導員、試験用紙の回収、本棚の組み立て、図書館での手伝いなどがあります。保護者はサービスの時間についての記録を、学校の事務室に置かれた日誌に書きます。学校に来ることができない保護者は、家から学校を支援してもよいのです。学校長キャシー・オコーネルは、子どもたちが、道徳観と誠実さを真に理解するためには、保護者のような役割モデルが学校内で存在し、目にすることができなければならないと信じています。

「こころの知性」の構成要素はすべてお互いに結びついており、順序に従って教えられるべきです。誠実さと道徳観はその連鎖の中で最終の構成要素です。たとえこの順序の中での最終の段階に達しなくとも、子どもたちは次の能力を獲得するでしょう。

■自分のポジティブな性質、ネガティブな性質に気づく。
■自分自身やその欠点を含んだものすべてを受け入れ、肯定する。
■自分の行動、信念、そして間違いには責任があるということを認識する。
■学業上の、個性的、社会的できごとの中での個人の意味を見つける。

　誠実さと道徳観は「こころの知性」の各要素をつないで一つの完全な輪にします。なぜならそれによってバランスのとれた個人が現れてくるからです。人格と高い道徳性を示すことは、成熟の真のサインであり、それは、子どもが積極的な大人や仲間を観察したり関わったりすることから恩恵を受けた結果として生じます。学校は、自身への気づき、自己の肯定、自己責任、そして個人の意味をすべての教科に取り入れることによって、この最終の構成要素の発達を促すことができます。人間の誇りと品位を反映するプログラムの実行は2、3の教室だけよりもむしろ学校全体のものであるべきです。学校全体は刺激と挑戦を伴っていると同時に、落ち着いて、リラックスした雰囲気にすることに焦点をあてなければなりません。管理職はすべての教科に誠実さと道徳観を取り入れることを支援し、先生たち

が評価されるために、その証拠を探さなければなりません。先生たちは、問題解決や意志決定、熟考（メタ認知）を行うことにおいて模範となる技術を使うように勧められるべきです。子どもたちが人格面と学業面の目標へ到達しようとするときには、外発的な動機づけや報酬よりもむしろ、内発的な動機づけが強調されるべきです。職業に関する校外見学をしたり、講演者、助言者に来てもらうことは、子どもたちが、道徳的で、期待されたレベルの仕事をするためのモデルを示すことになります。

　自己への気づき、自己肯定、自己責任そして個人の意味の学習を進める学校全体としてのプログラムを通して、誠実さと道徳観は「こころの知性」の学習の連鎖の中に最後に自然につながります。

　次の活動は子どもたちが誠実さと道徳観のスキルを高めるのを助けるものです。

誠実さと道徳観の活動　1
……のために

レベル：幼稚園児から 8 年生まで
教　科：国語
指　示：誠実さと道徳観の学習をするために、子どもたちは思いつくままアイデアを出し合ってブレインストーミングし、これらの特質の真の意味を実際に示す行動のリストを作ります。

　プロジェクターか黒板を使って、教師は子どもたちから出される、誠実さと道徳観の活動のリストを記録します。子どもたちはそれから毎日これらの行動のうちの五つを実行するよう指示します（……のために！）。子どもたちから出る考えは、次のようなものを含んでいるでしょう。
- ●誰かのためにドアを開けておく。
- ●誰かが倒れたら、起きるのを手伝う。
- ●みんなが誰かを笑っていても、参加しない。
- ●もし何か間違いをしたら、それを認め、そこから学ぶ。
- ●誰かの補助をする。
- ●自分の意見を表明する前に、他者の意見を丁寧に聞く。
- ●他人の意見を尊重する。
- ●あらゆるタイプの人に敬意を表する。
- ●課題を理解していない友だちを助ける。

誠実さと道徳観の活動　1
……のために

レベル：幼稚園児から8年生まで
教　科：国語
指　示：子どもたちが"……のために"の活動のリストを挙げた後、1週間の間、毎日これらの項目のうちの五つを選び、実行するように指示します。そして、自分の行った道徳活動を記録させ、その週の終わりには、自分自身の発見について深く考えさせます（幼い子どもは口頭で発表しあってもよいでしょう）。

●誰かのためにドアを開けておく。

●誰かが倒れたら、起きるのを手伝う。

●みんなが誰かを笑っていても、参加しない。

●もし何か間違いをしたら、それを認め、そこから学ぶ。

●誰かの補助をする。

●自分の意見を表明する前に、他者の意見を丁寧に聞く。

●他人の意見を尊重する。

●あらゆるタイプの人に敬意を表する。

●課題を理解していない友だちを助ける。

誠実さと道徳観の活動　1

####　……のために

レベル：幼稚園児から8年生まで
教　科：国語
指　示：1週間の間、新しく道徳と誠実さに関する行動をした後、子どもたちにこのふりかえりシートを使って、自分自身について発見したことを考えるように指示します。
　幼稚園児と1年生の児童は口頭で発表しあってもよいでしょう。

1. 今週は"……のために"のどの項目を選んで実行しましたか？
　_____
　_____

2. あなたが選んだ"……のために"の項目で実行したことを記述しなさい。
　_____
　_____
　_____
　_____

3. それを実行している間と実行した後のあなたの気持ちについて話しなさい。
　_____
　_____
　_____
　_____

誠実さと道徳観の活動　2
物語の学習

レベル：幼稚園児から8年生まで
教　科：国語
指　示：イソップ物語の学習中、子どもたちはさまざまな登場人物を分析し、彼らの道徳的な特性（またはそれらの欠如）を記入します。次に、最も心が通じたイソップ物語の登場人物について考えを書き、類似点を記述します。

幼稚園児から2年生までの子どもは道徳的な特性を絵に描いたり、話し合ったりしてもよいでしょう。

ありときりぎりす

ある夏の日、野原できりぎりすがぴょんぴょんはね、心に思うことを陽気に話し、歌っていました。一匹のありが、巣に持って帰るとうもろこしの穂を大変骨を折ってかつぎ、通り過ぎました。

きりぎりす：そんなにあくせく働く代わりに、こっちへ来て私とくつろいで語らない？
あり：私は冬のための食物を蓄えるのを手伝っているのよ。君もやったら？
きりぎりす：どうして冬のことを気にするの？　私たちには今、たくさんの食物があるよ。

しかし、ありはその道を歩いて、骨折り仕事を続けました。冬が来たとき、きりぎりすは食物がなく、自分が餓死するかもしれないことに気づきました。そして、ありたちが毎日、夏に集めた蓄えからとうもろこしや穀物を分配しているのを見ました。それからきりぎりすは知りました。：必要となる日のために準備をしておくことが大切だと。

　　　　　　　　　　　　　　　　　　　　——イソップ物語

誠実さと道徳観の活動 2
物語の学習

レベル：幼稚園児から8年生まで
教　科：国語
指　示：イソップ物語の学習中、子どもたちはさまざまな登場人物を分析し、彼らの道徳的な特性（またはそれらの欠如）を記入します。次に、最も心が通じたイソップ物語の登場人物について考えを書き、類似点を記述します。

　幼稚園児から2年生までの子どもは道徳的な特性を絵に描いたり、話し合ったりしてもよいでしょう。

　ライオンとねずみ

　かつてライオンが眠っていたとき、一匹の小さなねずみが彼の上にかけ上がったり、かけおりたりしていました。これはまもなくライオンを起こしました。ライオンは巨大な足をねずみの上におき、彼を飲み込むために大きなあごを開けました。

　　ねずみ：どうか王さま、今回は私を許してください。私はこのことを決して忘れません。私はいつかあなたのお役に立つかもしれません。

　ライオンは自分を助けられるというねずみの考えにとても満足させられたので、足を上げてねずみを行かせました。しばらくして、ライオンはわなに掛かり、捕まりました。狩人はライオンを王のところに生きたまま運びたかったので、ライオンを運ぶ檻を探す間、彼を木に縛っておきました。ちょうどそのとき、小さなねずみが偶然通りかかり、ライオンのおかれている悲しい状況を見て、彼にかけのぼり、百獣の王を縛っているロープを噛み切りました。「私が言った通りだったでしょう？」と小さなねずみは言いました。
小さな友人は偉大な友人となったのです。

　　　　　　　　　　　　　　　　　　　　　　　——イソップ物語

誠実さと道徳間の活動　3
私の物語を完成させる

レベル：3年生から8年生まで
教　科：国語
指　示：空白のまんが枠を使って、子どもAがまんが物語の前半部分の絵を描き、文章を書きます。子どもAは問題が生じたところで止めなければなりません。子どもAは半分仕上がったまんが物語を子どもBに渡します。この子どもBはまんがの枠と物語を終える役目があります。それが完成したとき、子どもAと子どもBは一緒に戻り、その物語のモラルを決定します。すべてのクラスメイトが終えたとき、彼らはまんがとモラルについて口頭で発表しあいます。

　次のまんが枠を使いなさい。

タイトル：＿＿＿＿＿＿＿＿＿＿＿＿＿＿＿＿＿＿＿＿＿＿＿＿

モラル：＿＿＿＿＿＿＿＿＿＿＿＿＿＿＿＿＿＿＿＿＿＿＿＿
＿＿＿＿＿＿＿＿＿＿＿＿＿＿＿＿＿＿＿＿＿＿＿＿＿＿＿＿
＿＿＿＿＿＿＿＿＿＿＿＿＿＿＿＿＿＿＿＿＿＿＿＿＿＿＿＿

第3部
「こころの知性」の
カリキュラムへの導入

9. 「こころの知性」の学習の統合：
「こころの知性」の学習を核にした主題単元の創造

　この章では、先生たちのために「これまでのすべてをまとめる」ことを目的としています。ここでは、教室で「こころの知性」学習プログラムを実行する、その過程をステップ・バイ・ステップ方式として取り上げています。また、先生たちが活用できる事前・事後評価なども含まれています。さらに、「こころの知性」の要素を授業に統合した主題単元も、用意されています（図9.1）。

ステップ・バイ・ステップ方式の実行
　「こころの知性」を育てることは、毎日継続してなされるべきことです。しかし、「こころの知性」の構成内容のすべてを実施しようと考えると、初めは、どうしたらいいのかと圧倒されるでしょう。そこで、学年始めの2、3ヶ月は以下に示す段階的な取り組みを行います。そうすることで、指導に自信をもてるようになるのです。なぜなら、新しい学習から学業面や社会性面、また情緒面の利点を、子どもたちが獲得するからです。もし、あなたが「こころの知性」の重要性を理解したり、価値を認めたりしない地域で教鞭をとっているなら、以下のリストから遠慮なく選び出してかまいません（このリストは、「見識がないより少しでもある方がよい」ものとして

■自分と他者についての認識
■自分と他者の肯定
■自己責任の習得
■個人的意義の発見
■誠実さと道徳観の尊重

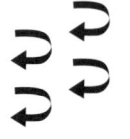

図9.1　「こころの知性」の構成要素：総合的な設定

9.「こころの知性」の学習の統合　137

挙げてあります)。そして、他の先生たちは、子どもたちの事後評価を見ることで、この学習の価値を理解するでしょう。

■学年が始まる前に、あなたの教室を見回しましょう。教室は、魅力的で暖かいでしょうか？　やりがいがあり、さらに、落ち着けるように用意されているでしょうか？

■あなたが自分のクラスの子どもたちに出会うとき、一人ひとりを見つめて握手をします。どの子もあなたにとって大切であることを、子どもたちが理解できるようにしましょう。そして、個人の身だしなみや攻撃的な傾向、あるいは、家庭内暴力のサインなどに目を配りましょう。

■第1章の「「こころの知性」はどのように見えるでしょうか」という表や、第2章の「「こころの知性」学習の必要性チェックリスト」を活用しましょう。これらは、子どもたちを素早く全体的に評価するのに役立ちます。

■子どもたちと一緒に、「恐れなし計画」(第2章参照)を作り出しましょう。

■子どもたちと一緒に、学びの定義(第2章参照)を作り出しましょう。

■数週間のうちに、クラスの子どもたちをよく知ることができたら、それぞれの子どもに対して「こころの知性」の構成内容について、正式な事前評価を実行しましょう。そして、それぞれの子どもの結果とクラスの平均をグラフにしましょう。

■いずれかの構成内容で、いつになく低い得点の子どもたちがいれば、あなたや養護教諭、あるいはスクール・カウンセラーが観察しなければなりません。

■子どもたちが、「対人関係の自己評価(表3.1)」や他者の「対人関係の特性(表3.2)」などをやり終えたら、仲間関係の「こころの知性」学習活動の実施を始めましょう。つまり、子どもたちがこれらのチェックリストを完了させてから、活動についてのふりかえりを書いたり、討論したりするのです。

■暴力を予防する授業をしましょう(第3章参照)。

■認識している気づきについて話し合いましょう。そして、気づきのための活動を授業の内容に組み込みましょう（第4章参照）。
■自己と他者を肯定することについて検討しましょう。そして、受容のための活動を授業の内容に組み込みましょう（第5章参照）。
■自己責任の習得について検討しましょう。そして、活動を授業の中に組み込みましょう（第6章参照）。
■学びの中に、個人的な意義を見出すことの重要性について検討しましょう。そして、活動を授業の中に組み込みましょう（第7章参照）。
■正直さと道徳性における一生にわたる利点について検討しましょう。そして、活動を授業の中に組み込みましょう（第8章参照）。
■学年の間中、授業は、情緒的な反応を引き起こすような内容を含むものでなければなりません。例えば、ディベートや論説、グループによるプレゼンテーション、個人的な興味に基づくプロジェクトなどです。
■学年の間中、学習の成果や社会性、そして情緒面について、子どもたちがじっくり考える時間をたくさんもつべきです。このようなふりかえりは、記事を書いたり、クラスで議論したり、仲間と話し合ったり、あるいは共同グループで方略を考えたりという形をとればよいのです。
■学年の終わりに向けて、先生たちは事後評価を用いて、今一度子どもたちの「こころの知性」を評価すべきです。もう一度、それぞれの「こころの知性」の構成内容について、個人的な結果をグラフ化します。そして、クラスの平均もグラフに表しましょう。
■いくつかの成果を記録しましょう。ポートフォリオ評価を用いている学校なら、子どもたちを次に担任する先生に、この評価を渡すべきです。

　いったん、学年が進行して、先生たちが子どもについて理解すれば、教師は観察による「こころの知性」の評価が当たり前のこととなります。151ページから158ページの「評価の手引き」は、先生のための評価の指標を含んでいます。その指標は、ある子どもの「こころの知性」の現在のレベ

ルを評価するためのものです。次は、それぞれの「こころの知性」(すなわち、自己への気づき、自己の肯定、自己責任、自己の意義、そして誠実さと道徳性)を評価するための評価表です。これらの項目について、学年の始まりと終わりに、すべての子どもたちを評価します。「こころの知性」の発達を判断するためです。また、「こころの知性」について、個人の評価グラフとクラスの平均グラフも作成します。個人の評価グラフは、次の担任の先生に送るポートフォリオや児童記録などになるでしょう。

　指導内容に「こころの知性」の要素を統合することがどれくらい効果があったかという問いには、グラフ化された情報を活用して判断すべきです。つまり、ある子どもの学年の始まりと終わりの評価の比較は、クラス全体の「こころの知性」の評価の平均得点と同様に吟味されるべきなのです。そして、この情報は、学校の「こころの知性」学習プログラムの再構築や修正に用いることができるのです。

アメリカ独立戦争：主題単元

次頁の主題単元は、5年生から中学2年生までの子どものために開発されたものです。単元の内容に「こころの知性」の要素を効果的に混ぜ込んだことが、はっきりと示されています。

単元の前に

単元を始める前に、次のようなステップを用意しましょう。

- 独立戦争に関する図書やインターネットの情報、ビデオ、文学作品などを、子どもたちが使えるように集めましょう。
- 単元の間、本気で取り組めるようなカリキュラムの目的を決めましょう。
- 次頁の日程や情報を使えるように、教室のあちらこちらに年表を張り出しましょう。そのいくつかは情報を埋めておき、いくつかは空欄で残しておきます。そして、単元の進行に合わせて空欄を埋めていきます。
- 展示用の机を用意します。そして、独立戦争の絵やポスター、資料などを子どもたちが使えるように展示します。
- 単元の概要を、実質的な10の課題でまとめます。そして、それらは「カウントダウン・ボード」として張り出しておきます。この10の課題は、毎授業の終わりに取り組むようにします。クイズや簡単な課題を後で書き入れます。この10の課題を決定するために、142〜143頁の**表9.1**の単元の概要を活用しましょう。

9.「こころの知性」の学習の統合　141

1765 年	印紙法；1766 年に廃止
1770 年 3 月 5 日	ボストン虐殺事件
1773 年 12 月 16 日	ボストン茶会事件
1774 年 9 月	フィラデルフィアで第 1 回大陸会議
1775 年 4 月 19 日	ゲージがコンコードで軍事補給を奪取する。レキシントンの戦い
1775 年 5 月 10 日	フィラデルフィアで第 2 回大陸会議
1775 年 5 月 10 日	植民地人によるタイコンデロガ砦の占領と兵器の奪取
1775 年 5 月 11 日	クラウンポイントの戦い；義勇軍グリーン・マウンテン・ボーイズの勝利
1775 年 6 月 15 日	ワシントンが大陸会議によって総司令官に任命される
1775 年 6 月 17 日	バンカーヒルの戦い；1776 年の 3 月まで英国人がボストンを占領する
1775 年 12 月 31 日	カナダ遠征失敗；ベネディクト・アーノルド負傷
1776 年 7 月 4 日	独立宣言；植民地連合はアメリカ合衆国となり、それぞれの植民地は州となる
1776 年 8 月	ニューヨーク湾に 3 万のイギリスの兵士が到着する
1776 年 8 月 27 日	ロングアイランドの戦い；アメリカ軍は打ち負かされる
1776 年 9 月 16 日	ハーレム高地の戦い；アメリカ軍は打ち負かされる
1776 年 10 月 28 日	ホワイトプレーンズの戦い；アメリカ軍は打ち負かされる
1776 年 12 月 25 日 ～1777 年 1 月 3 日	デラウエア川の渡河、そしてトレントンとプリンストンの戦い。目覚ましいアメリカ軍の勝利
1777 年 7 月 5 日	イギリスによるタイコンデロガ占領
1777 年 9 月 19 日 ～10 月 7 日	サラトガの戦い；アメリカの勝利
1777 年 10 月 17 日	バーゴイン、アメリカに全軍降伏
1777 年 9 月 11 日	ブランディワインの戦い；アメリカ軍は打ち負かされる
1777 年 10 月 4 日	ジャーマンタウンの戦い；アメリカ軍は後一歩の勝利を前に撤退
1778 年 6 月 28 日	モンマスの戦い；イギリス軍は夜に紛れて後退
1778 年 12 月 29 日	イギリスによるサヴァンナ占領
1779 年	ラファイエットが援助を求めてフランスに行く
1779 年 9 月	ジャン・ポール・ジョーンズがイギリス海岸近くで軍艦を捕まえる
1780 年 5 月 12 日	サウスカロライナのチャールストン、イギリスによって降伏
1780 年 8 月 16 日	サウスカロライナのキャムデンの近くで、ゲイツがコーンウォリスによって打ち負かされる。
1780 年 9 月 23 日	ウエストポイントを明け渡そうとする、ベネディクト・アーノルドの陰謀
1780 年 10 月 7 日	キングズマウンテンの戦い；イギリスの敗北
1780 年	ロシャンボーが 5500 の兵と共にアメリカ到着
1781 年	ド・グラーセ提督指揮下の強力フランス海軍到着
1781 年 5 月 15 日	ギルフォード・コートハウスの戦い；アメリカ軍は打ち負かされるが、イギリスにとっても犠牲の多い勝利だった
1781 年	グリーンがサウスカロライナとジョージア内部の敵を一掃
1781 年 10 月 19 日	コーンウォリスがヨークタウンでわなにかかる；彼は降伏する
1782 年 11 月 30 日	平和予備条約
1783 年 9 月 3 日	パリ講和条約

表9.1 単元「独立戦争」と「こころの知性」の統合

教　科	授業の目的	「こころの知性」の統合
国語（読むこと）／社会科	子どもたちは、文学教材の *My Brother Sam Is Dead* を読んで、アメリカ独立戦争の背景となる情報を獲得する。このお話から単語の書きとりもできるだろう。	子どもたちがこの本を読んでから、登場人物が感じた気持ちや感情について話し合う。そして、登場人物の誠実さや感情を形容する言葉を書き並べる。
国語（書くこと）／社会科	アメリカを祖国とした植民地人の立場に子どもたちを立たせる。そして、イギリスにいる親戚に手紙を書かせ、イギリス人と植民地人の底に流れる感情について書き表せるようにする。	子どもたちが書く前に情報を収集しているとき、気づきや受容の要素を発展させるだろう。なぜなら、彼らは相反する視点に立って理解しなければならないからである。
歴史／科学	子どもたちは、1700年代のイギリスとアメリカを比較する。その観点は、技術、建造物、家屋の構造、衣食住などである。そして、ジオラマや模型を作り、その違いを示すことができるようにする。	これは締切を伴う独立したプロジェクトなので、子どもたちは自己責任を発揮しながら完成させることになる。そして、このプロジェクトの個人的な意義を探すだろう。
算数／社会科	独立に関するさまざまな資料を読んだ後、子どもたちはグループを組んで年表を作る。年表は、アメリカの独立に関わる最も決定的なできごとを10個書き込んだものにする。	子どもたちは、自己決定、共同作業、問題解決に取り組むことになる。なぜなら、自分たちが集めたリストを、最も決定的な10個に絞り込まなければならないからである。
科学／社会科	作戦：共同グループで、レキシントンで誰が最初に発砲したかを決定する。それぞれのメンバーは、確かな問題状況について調べる。	子どもたちは、道徳性や誠実さと同様に自己責任を伸ばすだろう。なぜなら、パズルのピースに責任をもたなければならないからである。これは、相互依存とグループの団結を育成する。
算数／社会科	子どもたちは、独立戦争の主な戦いを、その戦死者数と共に地図に表していく。そして、比較と対比のために戦死者数のグラフを作る。	戦死者の数をもとに、子どもたちは、自由が払うだけの値段に見合うかどうか決定する。開かれたクラス討議の形態や個人的な日記などが必要になるだろう。
国語／社会科	クラス・ディベート：子どもたちの何人かが植民地人の役になり、何人かがイギリスの代表者になる。模擬議会を開いて、アメリカの自由に対する権利について討論する。	この討論が始まったら、子どもたちは、反対側から厳しく迫られたらどんな気持ちがするか、話し合わなければならない。また、緊張した感情の理由についても話し合わなければならない。そして、自分の生活の中でこのような危機を感じたときについて作文するのである。

すべての教科	子どもたちは独立したプロジェクトを選ぶ。それは、アメリカの独立に関する知識を表現できるものである。つまり、歌を作ったり、戦いのレプリカを作ったり、この時代の有名人を調べたり、工芸品を作ったりするのである。	子どもたちは、このプロジェクトにリラックスして取り組む。なぜなら、この課題によって、脅迫されるのではなく発奮させられるからである。そして、目的は自己の意義や関連学習へと至る。
劇／国語／社会科	4人のチームで、子どもたちは有名なできごと、例えばボストン茶会事件のようなできごとを選ぶ。そして、劇の脚本を書き、クラスで演じてみる。	子どもたちは、これまでに、この事件の両方の気づきや受容について成長してきている。劇は、その活動の裏にある気持ちや感情を強化するものである。
すべての教科：最終的な発表	子どもたちは、今度は、自分たちが掲示板に貼った九つの代表的な課題に取り組む。そして、正式な形の発表で、自分たちのプロジェクトを全員に発表する。	子どもたちは、自分たちのプロジェクトについて、掲示したり説明したりすることで誇りを感じるようになる。また、この発表がそれぞれの単元の最後にあることから、精一杯の学習をしようとする。このとき、保護者を招き、この最終の活動に参加できるようにすべきである。

単元の開始

　独立戦争の単元の紹介として、ウォルト・ディズニーの映画 *Johnny Tremain* のビデオを見せましょう。この映画は、習慣や衣服、武器、文化など、1700年代当時の雰囲気を与えてくれます。その後、以下のような項目について学習させます。

■紹介のビデオの間、5W（いつ、どこで、誰が、何を、なぜ）の問いについて、子どもたちに記録するようにします。そして、ビデオが終わったら、これらの問いについて話し合います。

■子どもたちが次の考えについて熟考できるようにします。

　　　子どもが幼いとき、両親は彼の面倒を見る。安全を守り、彼のすべてのことを決定する。そして、成長して大人になると、自分の問題を解決したり自分のことを決定したりするという、ある種の自由が必要だと思い始める。彼は、自分自身の考えを育み、そして、成長して親の保護もいらなくなっていく。

- さて、*Johnny Tremain* のビデオを心に焼き付けながら、この少年とアメリカの植民地人との関係について、あなたの指導日誌にいくつかのことを書き留めましょう。
- 自分たちの自立に力を出さなければならないときがいつか、子どもたちが考えるようにしましょう（予備知識に頼りながら）。
- 子どもたちに主題の掲示板を示し、主な課題とその締切日を明らかにします。あなたの主題の掲示板の例です。

　　活動のカウントダウン

　　　　⑩ *My Brother Sam Is Dead*

　　　⇩　締切　4月20日

　　　⑨植民地人の手紙

　　　⇩　締切　4月25日

　　　⑧1700年代のイギリスとアメリカ

　　　⇩　締切　5月1日

　　　⑦独立戦争の年表

　　　⇩　締切　5月5日

　　　⑥最初に発砲したのは？？？

　　　⇩　締切　5月13日

　　　⑤戦いの地図

　　　⇩　締切　5月18日

　　　④クラス討論

　　　⇩　締切　5月23日

　　　③自分ならではのプロジェクト

　　　⇩　締切　5月25日

　　　②独立戦争の寸劇

　　　⇩　締切　5月30日

　　　①最終的な発表

　　　　　締切　6月2日

単元の継続期

子どもたちは、それぞれの授業の終わりに、「カウントダウン・ボード」の活動に取り組む機会が与えられます。この単元の授業の例を三つほど挙げることにします。指導の手引きも一緒に示します。

授業1：共感を得るための読書

子どもたちに、独立戦争における感情の衝突を明示している文学作品や映像の抜粋資料を提示します。それらは、反政府者や政府側の兵士、植民地人などの立場のものです。全体の授業の目的は、子どもたちが読解を通して共感や理解を得ることです。

1. 子どもたちが、病気になったり不快になったりしたときや、家から遠く離れたときのことについて考えることができるようにします。
2. 子どもたちは、文章や映像の抜粋を静かに見ます。
3. 4人グループで、資料から、自分の語彙とする言葉を決定します。それは、兵士や植民地人の気持ちや感情を十分理解するために、定義する必要がある言葉です。
4. グループで、これらの言葉を定義し、資料について、より深い話し合いをします。
5. どのグループもアンダーラインを引いた文節や表現について、口頭で話し合います。テーマは、「なぜその文節に、感情的に引きつけられたのか」です。
6. 子どもたちは感じたままに、ある文節を声に出して読んでみようとします。
7. 授業の終わりに、自主的にカウントダウン活動に取り組みます。

抜粋資料としての文学作品

Forbes, Esther.(1968). *Johnny Tremain.* ニューヨーク：Dell

　Johnny Tremain はよく知られた文学の一つである。彼は若い見習いの銀細工師である。そして、ボストン茶会事件のような、独立戦争に先立つできごとに巻き込まれていく。この歴史小説は、戦争の感情的かつ身体的な外傷のみならず、読者にイギリスからの自由を獲得する興奮を与えてくれる。

Gregory, Kristiana.(1996). *The Winter of Red Snow*：侍女ジェイン・スチュワートの独立戦争日記. ニューヨーク：Scholastic（Dear America シリーズ）.

　この歴史小説は1777年の11歳の少女の感情を記述したものである。一人称の日記形式は、独立戦争の間耐え抜いた兵士や植民地人の苦難や苦悩に対する共感を、子どもたちに与えることだろう。

Hallahan, William H.(2000). *The Day the American Revolution Began:19 April 1775.* ニューヨーク：William Morrow.

　この信頼できる細かな報告は、レキシントンとコンコードの戦いを記述したものである。Hallahan は日記、手紙、公文書、自伝などを活用し、読者の心に植民地人の気持ちや情熱を伝えようとしている。

Langguth, A. J.(1989). *Patriots: The Men Who Started the American Revolution.* New York:Simon & Schuster.

　この物語は、自由のために戦いを起こした鍵となる人々の「こころの知性」を洞察する力を育成する。ジョージ・ワシントンやジョン・アダムス、ベン・フランクリン、そしてパトリック・ヘンリーなどの英雄が強調されている。

Leckie, Robert.(1993). *George Washington's War: The Saga of the American Revolution.* New York:Harper Trade.

　この作品は、イギリスとアメリカ双方の指導者の見解や動機、そして態度が描写されていて、ユニークである。いくつかの戦いの醜さと混乱が、チャールズ・リーやベネディクト・アーノルドのような裏切りと同様に描写されている。

From the Diary of Albigence Waldo, Surgeon at Valley Forge, 1777. From Revolution to Reconstruction: A WWW project in collective writing [online]. Available at: http://odur.let.rug.nl/~usa/D/1776-1800/war/

waldo.htm
　　Albigence Waldoは独立戦争のときの軍医である。そして、彼の日記は、傷ついたり戦死したりした兵士の肉体的かつ精神的な苦痛を描写している。例えば、孤独、空腹、寒さなど、兵士が我慢しなければならなかったことである。この抜粋は、共感について話し合う機会をたくさん与えてくれるだろう。

授業2：偉大なリーダーを通して意義を見つける
　この授業の目的は、アメリカの愛国者、サミュエル・アダムスの資料を分析することです。子どもたちは、独立戦争の背景について、知識をある程度身につけたところでしょう。ここでは、これまでの知識をもとに、さらに深い意味を見出していきます。

1. サミュエル・アダムスについて基礎的な情報を読みます。
2. 有名なサミュエル・アダムスの引用文を声に出して読みます。
3. どの4人組のチームにも、調べるための引用文を与えます。チームは教材、辞書、などを活用します。それは、引用文の十分な理解のためなのです。
4. どのチームも、その引用文がどんな意味なのか、口頭で話し合います。
5. 与えられた基礎的な情報と引用文をもとに、子どもたちはサミュエル・アダムスの人物像を作文します。この作文は次のような要因を含んでいなければなりません。
    - ■彼の身体的、社会的、情緒的な能力
    - ■彼の自己認識のレベル
    - ■彼の自己受容のレベル
    - ■彼の責任感のレベル
    - ■彼の倫理観や公正さ
    - ■アメリカ独立戦争の原因についての意義に対する、彼の深い理解
6. 子どもたちは、この授業が完了したら、カウントダウン活動に入ります。

授業3：有名な戦いを点で示す

　子どもたちは、独立戦争の間に起こった合衆国の被害地について、より深く気づいたり受け入れたりするようになります。どの子どもにも、1775年頃のアメリカの地図を配ります。そして、資料やグループ交流から、子どもたちは、1775年の戦いの場所を見つけて点で示します。その場所は、独立戦争の間、有名なできごとがあったところです。自己責任の雰囲気を作るために、子どもたちはペアを作って活動します。どのパートナーも、できごとの半分の場所を、見つけたり点で示したりすることに、責任がもてるようにします。

アメリカ独立戦争のできごとの年月日と場所

1775.4.19　マサチューセッツ州、レキシントン
1775.4.19　マサチューセッツ州、コンコード
1775.5.5　マサチューセッツ州、マーサーズ・ビンヤード島
1775.5.10　ニューヨーク州、タイコンデロガ
1775.5.12　ニューヨーク州、クラウンポイント
1775.5.14　カナダ、セントジョーンズ砦
1775.5.21　マサチューセッツ州、グレープアイランド
1775.5.27　マサチューセッツ州、ホッグアイランド
1775.7.17　マサチューセッツ州、バンカーヒル（ブリーズヒル）
1775.7.17 〜 1776.3.17　マサチューセッツ州、ボストン
1775.7.8　マサチューセッツ州、ロクスベリー
1775.8.13　マサチューセッツ州、グロスター
1775.8.29　ニューヨークシティー
1775.9.18　カナダ、セントジョーンズ
1775.9.25　カナダ、モントリオール
1775.9.30　コネチカット州、ストニントン
1775.10.7　ロードアイランド州、ブリストル
1775.10.18　メイン州、ファルマス
1775.10.19　カナダ、シャンブリー
1775.10.26　ヴァージニア州、ハンプトン
1775.11.3　カナダ、セントジョーンズ
1775.11.9　マサチューセッツ州、フィプスファーム
1775.11.12　カナダ、モントリオール
1775.11.14　ヴァージニア州、ケンプスランディング
1775.11.19&21　サウスカロライナ州、ナインティシックス
1775.11.8-31　カナダ、ケベック
1775.12.9　ヴァージニア州、グレートブリッジ
1775.12.22　サウスカロライナ州、ケインブレイク
1775.12.31　カナダ、ケベック

単元の終末

　単元の終わり近くになったら、子どもたちはカウントダウン活動のフィードバックを受け取らなければなりません。最終的なプロジェクトの下書きは、掲示板に展示されます。子どもたちは、次のような要素を含む発表を繰り返し練習します。

- ■すべてのプロジェクトの短い説明
- ■学習者の意見の中で、最も有意義なプロジェクトについての個人的な気持ち
- ■学習者に最も衝撃的な独立戦争のできごとを三つ

　この発表のタイプは、パフォーマンスを評価します。形式的な選択問題や記述テストより、この発表こそが対象とする題材の最終的な評価となります。プロジェクトについて発表したり、学習の意味についての個人的な気持ちを説明したりする機会が子どもたちに与えられます。そして、子どもたちは、教科のより深い意味と長期保存できる記憶を獲得するのです。

単元「アメリカ独立戦争」に関する教師のための参考文献

本
　Brash, S(Ed.).(1998). *War Between Brothers.* New York: Time Life

　Moore, K.(1998). *If You Had Lived at the Time of the American Revolution.* New York: Scholastic.

DVDとVHS
　The Revolution War(1993). Simitar Video.

オーディオカセット
　McNeil, R.(1989).*American History Through Folksong With Historical Narration.* Riverside, CA: WEM Records.

インターネット
　http://www.looksmart.com

http://www,geocities.com/Heartland/Ranch/9198/revwar/concord.htm
http://encarta.msn.com/find/Concise.asp?ti=027BE000

付録　学習前・後の「こころの知性」の評価

評価の指標

具体的な方法

「こころの知性」の評価は、先生の観察をもとにします。学年の途中なら、子どもについて十分に理解するまで、評価はすべきではありません。一人ひとりの子どもを五つある「こころの知性」各要素について評価します。個人の子どものグラフを、学級全体の評価のグラフとともに作ります。あなたが「こころの知性」の採点をするとき、以下の指標を使うとよいでしょう

0＝この能力について、全く理解したり、活用したりしようとしない。
1＝この能力について、ほとんど理解したり、活用したりしようとしない。
2＝この能力について、少し理解したり、活用したりしようとしている。
3＝この能力について、適切に理解したり、活用したりしようとしている。
4＝この能力について、広範囲に理解したり、活用したりしようとしている。
5＝この能力について、熟達したレベルで理解したり、活用したりしようとしている。

評価 1
自己と他者について認識すること

具体的な方法

151ページの指標を用いて、一人ひとりの子どもについて、次のような気づきの特性を採点します。

次のような要素について子どもの気づきのレベルを採点しましょう。

- _____ 1. 身体的な自己（身だしなみと他者のそれに対する反応）
- _____ 2. 自己と他者の学業面の長所と短所
- _____ 3. 自己と仲間の社会性の長所と短所
- _____ 4. 音楽や、芸術などについての個人的な興味や好み
- _____ 5. 自分自身の気持ちや感情
- _____ 6. 他者の気持ちや感情
- _____ 7. 感情が起こるきっかけに対する適切、あるいは不適切な自己の反応
- _____ 8. 感情が起こるきっかけに対する適切、あるいは不適切な他者の反応
- _____ 9. なぜ、子どもがそう感じるのか
- _____ 10. 子どもたち自身の信念や態度、そして、価値観

評価 2
自分と他者を肯定すること

具体的な方法

　151ページの指標を用いて、一人ひとりの子どもについて、次のような受容の特性を採点します。

　次のような要素について、子どもの受容や肯定のレベルを採点しましょう。

- _____ 1. 身体的な自己の特質
- _____ 2. 学業面の長所と短所
- _____ 3. 現在の仲間とのつきあいの状態
- _____ 4. 自分自身の気持ちや感情
- _____ 5. 他者の気持ちや感情
- _____ 6. 子どもたち自身の価値観や信念、態度、そして意見
- _____ 7. 他者の価値観や信念、態度、そして意見
- _____ 8. 学業面あるいは社会性面において楽観的に対処する方策
- _____ 9. 一般的な自己受容
- _____ 10. 仲間に対する一般的な受容の段階

評価　3
自己責任を習得すること

具体的な方法

151 ページの指標を用いて、一人ひとりの子どもについて、次のような自己責任の特性を採点します。

次のような要素について、子どもの責任のレベルを採点しましょう。

_____　1．瞬間的な満足を求める衝動
_____　2．他者の感情を気づかうこと
_____　3．時間管理の能力
_____　4．学校の準備や家庭学習の割り当て
_____　5．効果的ではっきりした言語能力（それに対して、受け身かあるいは攻撃的な言語能力）
_____　6．手際よく組織立てる能力
_____　7．問題解決能力
_____　8．行動や態度のコントロール
_____　9．自己や他者の行為に対する当然の結果
_____　10．適切な選択をするための思考過程

評価 4
個人の意義を見つけること

具体的な方法
　151ページの指標を用いて、一人ひとりの子どもについて、次のような個人の意義の特性を採点します。

　次のような要素について、子どもの個人的な意義のレベルを採点しましょう。

　_____　1. 主題の話題に対する興味
　_____　2. クラス討論
　_____　3. 保護者の学校に対する関与（電話、連絡帳、ボランティア、校外学習などを通して）
　_____　4. 自立した学習への取り組み
　_____　5. 多様な学習経験への取り組み
　_____　6. 既有知識と新しい知識の関係づけ
　_____　7. 学習に対する内的動機づけ
　_____　8. メタ認知過程（学習について考えたり、どのように自分自身が感じるかについて考えたり）
　_____　9. 共同学習活動への取り組み
　_____　10. 学業面や社会性面や情緒面のできごとの内省や反省

評価 5

正直さと道徳を重んじること

具体的な方法

151ページの指標を用いて、一人ひとりの子どもについて、次のような正直さと道徳性の特性を採点します。

次のような要素について、子どもの正直さと道徳性のレベルを採点しましょう。

_____ 1. 権威のある人たちに対する敬意
_____ 2. 課題を完成させ続けることへの責任
_____ 3. 仲間や大人との共同作業能力
_____ 4. 日々の正直さ
_____ 5. よくない決定に対する非難を受け止める能力
_____ 6. 適切な方法での発言能力
_____ 7. 学校での活動や課外活動に対するやる気や決意
_____ 8. 問題状況の把握や系統立った適切な行動計画
_____ 9. 保護者の学校に対する関与(電話、連絡帳、ボランティアなどを通して)
_____ 10. 他者の幸福に対する興味と関心

子どもの評価の個人グラフ

子どもの名前：＿＿＿＿＿＿＿＿＿＿＿＿＿＿＿＿＿＿＿＿＿＿

具体的な方法

教師は、151ページの評価の指標に基づいて、事前・事後評価をすべきです。

どの評価においても、採点を合計し、10で割ります。例えば、気づきの認識における事前評価が10項目すべてに5と採点されたとすると、その合計は50になります。この得点を10で割ると5になります。棒グラフの0から5に色をぬります。5は気づきの認識における最高得点を示します。子どもの「こころの知性」の状況を示すため、棒グラフに色をぬりましょう。

5					
4					
3					
2					
1					
0					
	自分と他者の認識	自分と他者の肯定	自己責任	個人的な意義	正直さと道徳性

この子どもの「こころの知性」の得点の平均は、＿＿＿＿＿＿＿＿＿＿＿です。すべての得点の平均を出すため、すべての得点を合計し、5で割りましょう。この情報を158ページの学級平均ワークシートのために活用しましょう。

先生のコメント

＿＿＿＿＿＿＿＿＿＿＿＿＿＿＿＿＿＿＿＿＿＿＿＿＿＿＿＿＿＿＿
＿＿＿＿＿＿＿＿＿＿＿＿＿＿＿＿＿＿＿＿＿＿＿＿＿＿＿＿＿＿＿
＿＿＿＿＿＿＿＿＿＿＿＿＿＿＿＿＿＿＿＿＿＿＿＿＿＿＿＿＿＿＿

「こころの知性」の評価の学級平均

具体的な方法

「こころの知性」の学級平均点を出すために、個人の平均点を入れましょう。

子どもの名前	「こころの知性」の平均点				
	評価1	評価2	評価3	評価4	評価5

おわりに

　教育者としての仕事はもはや子どもたちに学業を教えるだけではないことを私たちは自覚しています。確かに、子どもたちのスキルトレーニングは私たちの仕事の中心です。しかし、社会の変化にともなって、家庭の安定性は悪化し、子どもたちのストレスは増加し、私たち教育者は全く新しい役割を引き受けなければならなくなっています。私たちは、毎日の授業に価値観、モラル、共感性、自己認識などのことがらを導入しなければならなくなっているのです。子どもたちが問題をどのように扱うのかというだけでなく、なぜその方法で行ったのか気づかせるようにしなければならないのです。即ち、彼らの反応に関して自分自身に問いかけるように指導しなければなりません。子どもたちは他者の行動を観察し、行動の原因と適切性をよく考えるようにトレーニングされなければならないのです。
　校内暴力とコントロールできない衝動性について言えば、それらを見過ごして、私たちの仕事は「教えること」で、親ではないのだからということでは済まされなくなっているということです。攻撃性の習慣は親からのネグレクトや虐待をくいとめるためであるという研究報告を心に留めておいてください。もし親に子育ての準備がないのなら、誰か他の人が責任をもたなければなりません。ええ、私たちのカリキュラムには余裕はありませんし、私たちはすでに管理職、親、子どもたちの要求をいっぱい抱えています。しかし、入念に計画すれば、「こころの知性」の学習活動が簡単に毎日のカリキュラムの一部となりうるのです。
　「こころの知性」の要素は、学習の中に取り入れるのが難しいわけではありません。子どもをしっかり見たり、子どもにあなたが見守っていること

を知らせたりするくらいの普通のことなのです。最後の章に学習への導入の仕方を示しています。もし段階のいくつかがすぐにできそうもないなら、それらは放っておいてください。「こころの知性」はいくらかでも導入した方が、全くしないよりはよいのですから。

「こころの知性」は、「あなたが教えなければならない別個の学習」ではないことを覚えておいてください。それは単独の教科でも、特別のスキルでもありません。それは、自分自身の感情を理解する学習プロセスであり、他者の感情を理解する学習プロセスであり、ポジティブな感情反応の獲得プロセスであり、他者の感情反応を認識し、受容するプロセスでもあります。

子どもたちにとって意味のある学習となる教育方法を取り入れることによって、私たちは子どもたちが彼ら自身の「こころの知性」への洞察力を獲得するのを助けます。そして、個人の感情の理解力が増すにつれて、学力、社会的スキル、問題解決能力、自尊感情も増していくのです。

「こころの知性」の要素を導入することを通して、他者の感情を理解するのと同様に子どもたちは自分自身を肯定的に見る能力も獲得します。このことは子どもたちが豊かで素晴らしい人生を得るために欠くことができないスキルを獲得する第一歩なのです。

子どもたちはいつかこの国の声となり、意志決定者となり、指導者となるでしょう。人生を意味のあるものにする機会を子どもに与えましょう。協力し、影響し、受け入れ、ポジティブな変化へと促すために必要な手段を子どもたちに与えましょう。さあ、「こころの知性」のリーダーたちを育成しましょう。

引用文献

Asher, S., & Williams, G. (1987). Helping children without friends in home and school contexts. In *Children's social development. Information for parents and teachers*. Urbana: University of Illinois Press.

Bennett, E. L., Diamond, M. C., Krech, D., & Rozenzweig, M. R. (1964). Chemical and anatomical plasticity of the brain. *Science*, 146, 610-619.

Branden, N. (1994). *The six pillars of self-esteem*. New York: Bantam.

Caine, G., & Caine, R. N. (1994). *Making connections. Teaching and the human brain*. Menlo Park, CA: Addison-Wesley.

Etzioni, A., Berkowitz, M. C., & Wilcox, W. B. (1995). *Character building for a democratic, civil society*. Position paper for the Communitarian Network. (Available from the Communitarian Network, 2130 H Street, NW, Suite 703, Washington, DC 20052; 1-800-245-7460; http://gwis.circ.gwu.edu/~ccps/)

Gardner, H. (1993). *Multiple intelligences. The theory in practice*. New York: Basic Books.

Goleman, D. (1997). *Emotional intelligence. Why it can matter more than IQ*. New York: Bantam.

Hannaford, C. (1995). *Smart moves. Why learning is not all in your head*. Arlington, VA: Great Ocean.

Haynes, N. M., Comer, J. P., & Hamilton-Lee, M. (1988). The school development program: A model for school improvement. *Journal of Negro Education*, 57, 11-21.

Henry, T. (1995, February 21). Student grades count for little with employers. *USA Today*, D-1.

Huesmann, L. R., Eron, L. D., & Warnicke-Yarmel, P. W. (1987). Intellectual functioning and aggression. *Journal of Personality and Social Psychology*, 52, 232-240.

Katz, L. G. (1985). Dispositions in Early Childhood Education. *ERIC/ EECE Bulletin*, 18(2), 1-3.

Mackenzie, R. (1996). *Setting limits in the classroom*. Rockland, CA:Prima.

Martin, L. (1991). What work requires of schools. Secretary's Commission on Acquiring Necessary Skills (SCANS). Retrieved January 10, 2001 from the World Wide Web: www.scans.jhu.edu/ General/workreq.html

Nowicki, S., & Duke, M. (1989, August). A measure of nonverbal social processing ability in children between the ages of 6 and 10. Paper presented at the American Psychological Society, New Orleans, LA.

Olson, L. (1997). *The school-to-u,orb revolution*. Reading, MA: Perseus.

Purkey, W. (1988). *An overview of self-concept theory for counselors*. Ann Arbor, MI: ERIC Clearinghouse on Counseling and Personal Services.

Rusnak, T. (1998). *An integrated approach to character education*. Thousand Oaks, CA: Corwin.

Slovey, P., & Mayer, J. D. (1990). Emotional intelligence. *Imagination, Cognition, and Personality*, 9, 185-211.

Sperry, R. (1974). *Lateral specialization in the surgically separated hemispheres* (Neurosciences Third Study Program). Cambridge. MIT Press.

参考文献

Bodine, R. J., Crawford, D. K., & Schrumpf, F. (1995). *Creating the peaceable school. A comprehensive program for teaching conflict resolution.* Champaign, IL: Research Press.

Fogarty, R. (1997). *Problem-based learning & other curriculum models.* Arlington Heights, IL: Skylight Training and Publishing.

Quinn, M. M., Bable, R. A., Rutherford, R. B., Nelson, C. M., & Howell, K. W. (1998). *Addressing student problem behavior: An IEP team's introduction to functional behavioral assessment and behavior intervention plans.* Washington DC: American Institutes for Research, Center for Effective Collaboration and Practice.

■訳者一覧（執筆順）
　松村京子（監訳者）はじめに、謝辞、第1部1〜3、第2部8、おわりに
　山口香織（神戸親和女子大学非常勤講師）第2部4
　髙瀬裕美（兵庫教育大学大学院生）第2部5
　岡村里香（京都大学非常勤職員）第2部6、7
　服部英雄（兵庫教育大学附属小学校教諭）第3部、付録

■監訳者紹介
　松村　京子（まつむら　きょうこ）
　　大阪大学大学院医学研究科（博士課程）修了。医学博士。
　　滋賀大学教育学部講師、助教授を経て、現在、兵庫教育大学連合大学院教授。
　著書：『新小児医学大系2──小児発達科学』（共著・中山書店　1986年）
　　　　『発熱症候群』（共著・文光堂　1989年）
　　　　『健康と住まい』（共著・朝倉書店　1997年）
　　　　『社会性の心理学』（共著・ナカニシヤ出版　2000年）
　　　　『総合思春期学』（共著・診断と治療社　2001年）
　訳書：『子供の脳の栄養学』（共訳・講談社　1991年）
　　　　『子どもの虐待をなくすために──親になるための学校テキスト／オーストラリア』（東信堂　1998年）など。

Gwen Doty
Fostering Emotional Intelligence in K-8 Students:
Simple Strategies and Ready to Use Activities

「こころの知性」を育む──幼稚園児から中学生までの教育
2004年2月10日　初版　第1刷発行　　　〔検印省略〕

監訳者© 松村京子　　発行者　下田勝司　　印刷・製本　中央精版印刷
東京都文京区向丘1-20-6　郵便振替 00110-6-37828
〒113-0023　TEL(03)3818-5521㈹　FAX(03)3818-5514　　発行所　株式会社 東信堂
E-Mail tk203444@fsinet.or.jp

Published by TOSHINDO PUBLISHING CO., LTD.
1-20-6, Mukougaoka, Bunkyo-ku, Tokyo, 113-0023, Japan
ISBN4-88713-541-6　C3037　Copyright© 2004 by MATSUMURA Kyoko

東信堂

比較・国際教育学〔補正版〕	石附実編	三五〇〇円
比較教育学の理論と方法	J・シュリーバー編著 馬越徹・今井重孝監訳	二八〇〇円
教育改革への提言集1・2	日本教育制度学会編	各二八〇〇円
世界の公教育と宗教	江原武一編著	五四二九円
アメリカの才能教育——多様な学習ニーズに応える特別支援	松村暢隆	二五〇〇円
アメリカの女性大学：危機の構造	坂本辰朗	二四〇〇円
アメリカ大学史とジェンダー	坂本辰朗	五四〇〇円
アメリカ教育史の中の女性たち〔現代アメリカ教育1巻〕——ジェンダー・高等教育・フェミニズム	坂本辰朗	三八〇〇円
教育は「国家」を救えるか〔現代アメリカ教育2巻〕——質・均等・選択の自由	今村令子	三五〇〇円
永遠の「双子の目標」——多文化共生の社会と教育	今村令子	二八〇〇円
新版・変革期のアメリカ教育〔大学編〕	金子忠史	四四六六円
アメリカのバイリンガル教育——新しい社会の構築をめざして	末藤美津子	三二〇〇円
ボストン公共放送局と市民教育——マサチューセッツ州産業エリートと大学の連携	赤堀正宜	四七〇〇円
21世紀にはばたくカナダの教育〔カナダの教育2〕	小林・関口・浪田他編著	二八〇〇円
現代英国の宗教教育と人格教育(PSE)	柴沼晶子・新井浅浩編著	五二〇〇円
ドイツの教育	天野正治・結城忠・別府昭郎編著	四六〇〇円
21世紀を展望するフランス教育改革——一九八九年教育基本法の論理と展開	藤井穂高	七六〇〇円
フランス保育制度史研究——初等教育としての保育の論理構造	小林順子編	八六四〇円
フィリピンの公教育と宗教——展開過程と成立	市川誠	五六〇〇円
社会主義中国における少数民族教育——「民族平等」理念の展開	小川佳万	四六〇〇円
東南アジア諸国の国民統合と教育——多民族社会における葛藤	村田翼夫編著	四四〇〇円
オーストラリア・ニュージーランドの教育	石附・笹森健編	二八〇〇円

〒113-0023 東京都文京区向丘1-20-6
☎03(3818)5521　FAX 03(3818)5514　振替 00110-6-37828
E-mail:tk203444@fsinet.or.jp

※税別価格で表示してあります。

― 東信堂 ―

大学の自己変革とオートノミー ―点検から創造へ	寺﨑昌男	二五〇〇円
大学教育の創造 ―歴史・システム・カリキュラム	寺﨑昌男	二五〇〇円
大学教育の可能性 ―教養教育・評価・実践	寺﨑昌男	二五〇〇円
大学の授業	宇佐美寛	二五〇〇円
作文の論理 ―〈わかる文章〉の仕組み	宇佐美寛編著	一九〇〇円
大学の指導法 ―学生の自己発見のために	児玉・別府・川島編	二八〇〇円
大学授業研究の構想 ―過去から未来へ	京都大学高等教育開発センター編	二四〇〇円
大学評価の理論と実際 ―アクレディテーションの原点と展開	H・R・ケルズ 喜多村/舘・坂本訳 自己点検・評価ハンドブック	三三〇〇円
アメリカの大学基準成立史研究	前田早苗	三八〇〇円
戦後オーストラリアの高等教育改革研究	杉本和弘	五八〇〇円
私立大学の財務と進学者	丸山文裕	三五〇〇円
私立大学の経営と教育	丸山文裕	三六〇〇円
公設民営大学設立事情	高橋寛人編著	二八〇〇円
校長の資格・養成と大学院の役割	小島弘道編著	六八〇〇円
短大ファーストステージ論	高鳥正夫編著	二〇〇〇円
短大からコミュニティ・カレッジへ ―飛躍する世界の短期高等教育と日本の課題	舘昭編著	二五〇〇円
〔シリーズ大学改革ドキュメント・監修寺崎昌男・絹川正吉〕	全カリの記録編集委員会編	二一〇〇円
立教大学へ〈全カリ〉のすべて	絹川正吉編著	二三八一円
ICUへ〈リベラル・アーツ〉のすべて ―リベラル・アーツの再構築		
〔講座「21世紀の大学・高等教育を考える」〕		
大学改革の現在〔第1巻〕	有本章編著 山本眞一編著	三二〇〇円
大学評価の展開〔第2巻〕	山野井敦徳編著 清水一彦編著	三二〇〇円
学士課程教育の改革〔第3巻〕	舘昭編著 絹川正吉編著	三三〇〇円
大学院の改革〔第4巻〕	江原武一編著 馬越徹編著	続刊

〒113-0023 東京都文京区向丘1-20-6 ☎03(3818)5521 FAX 03(3818)5514 振替 00110-6-37828
E-mail:tk203444@fsinet.or.jp
※税別価格で表示してあります。

― 東信堂 ―

責任という原理――科学技術文明のための倫理学の試み	H・ヨナス 加藤尚武監訳	四八〇〇円
主観性の復権――『心身問題』から『責任という原理』へ	H・ヨナス 宇佐美・滝口訳	二〇〇〇円
テクノシステム時代の人間の責任と良心	H・レンク 山本・盛永訳	三五〇〇円
空間と身体――新しい哲学への出発	桑子敏雄	二五〇〇円
環境と国土の価値構造	桑子敏雄編	三五〇〇円
森と建築の空間史――南方熊楠と近代日本	千田智子	四三八一円
感性哲学 1～3	日本感性工学会感性哲学部会編	二六〇〇円～
メルロ=ポンティとレヴィナス――他者への覚醒	屋良朝彦	三八〇〇円
思想史のなかのエルンスト・マッハ――科学と哲学のあいだ	今井道夫	三八〇〇円
今問い直す脳死と臓器移植【第二版】	今井道夫	二八〇〇円
バイオエシックス入門【第三版】	今井道夫・香川知晶編	二三八一円
堕天使の倫理――スピノザとサド	澤田愛子	二〇〇〇円
三島由紀夫の沈黙――その死と江藤淳・石原慎太郎	伊藤勝彦	二五〇〇円
洞察=想像力――知の解放とポストモダンの教育	D・スローン 市村尚久監訳	三八〇〇円
ダンテ研究 I ―― Vita Nuova 構造と引用	浦 一章	七五七三円
ルネサンスの知の饗宴【ルネサンス叢書1】	佐藤三夫編	四四六六円
ヒューマニスト・ペトラルカ【ルネサンス叢書2】――ヒューマニズムとプラトン主義	佐藤三夫	四八〇〇円
東西ルネサンスの邂逅【ルネサンス叢書3】――南蛮と種痩氏の歴史的世界を求めて	根占献一	三六〇〇円
カンデライオ【ジョルダーノ・ブルーノ著作集1巻】	加藤守通訳	三三〇〇円
原因・原理・一者について【ジョルダーノ・ブルーノ著作集3巻】	加藤守通訳	三六〇〇円
ロバのカバラ――ジョルダーノ・ブルーノにおける文学と哲学	N・オルディネ 加藤守通訳	二〇〇〇円
食を料理する――哲学的考察	松永澄夫	三六〇〇円
イタリア・ルネサンス事典	J・R・ヘイル編 中森義宗監訳	七八〇〇円

〒113-0023 東京都文京区向丘1-20-6
☎03(3818)5521 FAX 03(3818)5514 振替 00110-6-37828
E-mail:tk203444@fsinet.or.jp

※税別価格で表示してあります。